腊八节习俗

靈隱寺誌一

清武林　沈諠麗纂

潛治　撰　徐增　重編

武頭　校訂

清武林　沈諠麗纂

儀謙　達受　校

建受　校

腊八节习俗

总主编 陈广胜

浙江省非物质文化遗产代表作丛书

光泉法师 编著

浙江古籍出版社

前 言

浙江省文化广电和旅游厅党组书记、厅长 陈广胜

　　中华文明在五千多年的历史长河里创造了辉煌灿烂的文化成就。多彩非遗薪火相传，是中华文明连续性、创新性、统一性、包容性、和平性的生动见证，是中华民族血脉相连、命运与共、绵延繁盛的活态展示。

　　浙江历史悠久、文明昌盛，勤劳智慧的人民在这块热土创造、积淀和传承了大量的非物质文化遗产。昆曲、越剧、中国蚕桑丝织技艺、龙泉青瓷烧制技艺、海宁皮影戏等，这些具有鲜明浙江辨识度的传统文化元素，是中华文明的无价瑰宝，历经世代心口相传、赓续至今，展现着独特的魅力，是新时代传承发展优秀传统文化的源头活水，为延续历史文脉、坚定文化自信发挥了重要作用。

　　守护非遗，使之薪火相续、永葆活力，是时代赋予我们的文化使命。在全省非遗保护工作者的共同努力下，浙江先后有五批共241个项目列入国家级非遗代表性项目名录，位居全国第一。如何挖掘和释放非遗中蕴藏的文化魅力、精神力量，让大众了解非遗、热爱非遗，进而增进文化认同、涵养文化自信，在当前显得尤为重要。2007年以来，我省就启

动《浙江省非物质文化遗产代表作丛书》编纂出版工程，以"一项一册"为目标，全面记录每一项国家级非遗代表性项目的历史渊源、表现形式、艺术特征、传承脉络、典型作品、代表人物和保护现状，全方位展示非遗的文化内核和时代价值。目前，我们已先后出版四批次共 217 册丛书，为研究、传播、利用非遗提供了丰富详实的第一手文献资料，这是浙江又一重大文化研究成果，尤其是非物质文化遗产的集大成之作。

历时两年精心编纂，第五批丛书结集出版了。这套丛书系统记录了浙江 24 个国家级非遗代表性项目，其中不乏粗犷高亢的嵊泗渔歌，巧手妙构的象山竹根雕、温州发绣，修身健体的天台山易筋经，曲韵朴实的湖州三跳，匠心精制的邵永丰麻饼制作技艺、畲族彩带编织技艺，制剂惠民的桐君传统中药文化、朱丹溪中医药文化，还有感恩祈福的半山立夏习俗、梅源芒种开犁节等等，这些非遗项目贴近百姓、融入生活、接轨时代，成为传承弘扬优秀传统文化的重要力量。

在深入学习贯彻习近平文化思想、积极探索中华民族现代文明的当下，浙江的非遗保护工作，正在守正创新中勇毅前行。相信这套丛书能让更多读者遇见非遗中的中华美学和东方智慧，进一步激发广大群众热爱优秀传统文化的热情，增强保护文化遗产的自觉性，营造全社会关注、保护和传承文化遗产的良好氛围，不断推动非遗创造性转化、创新性发展，为建设高水平文化强省、打造新时代文化高地作出积极贡献。

目录

序言 //
PREFACE

自21世纪初叶起，非物质文化遗产开始进入我国公共文化领域，迄今已近20年。在这20年中，党和国家颁布了一系列重要文件，并制订了法律法规，使得非物质文化遗产在我国文化体系中的地位日益明确。标志性的法律是2011年颁布的《中华人民共和国非物质文化遗产法》，使非遗工作进入有法可依的新阶段。2021年，中共中央办公厅、国务院办公厅印发了《关于进一步加强非物质文化遗产保护工作的意见》（下称《意见》）。《意见》指出：非物质文化遗产是中华优秀传统文化的重要组成部分，是中华文明绵延传承的生动见证，是连结民族情感、维系国家统一的重要基础。保护好、传承好、利用好非物质文化遗产，对于延续历史文脉、坚定文化自信、推动文明交流互鉴、建设社会主义文化强国具有重要意义。党和政府高度重视非物质文化遗产保护工作，特别是党的十八大以来，在以习近平同志为核心的党中央坚强领导下，我国非物质文化遗产保护工作取得显著成绩。

习总书记曾多次考察多省市的非遗项目，并就如何更好地保护和传承非物质文化遗产发表过一系列的重要讲话，做出重要指示。习总书记教导我们要扎实做好非物质文化遗产的系统性保护，更好满足人民日益增长的精神文化需求，推进文化自信自强。要推动中华优秀传统文化创造性转化、创新性发展，不断增强中华民族凝聚力和中华文化影响力，深化文明交流互鉴，讲好中华优秀传统文化故事，推动中华文化更好走向世界。这些讲话精神为我们做好非遗工作指明了方向。

浙江省作为全国非物质文化遗产保护综合试点省，非物质文化遗产工作启动早、规模大、方法新、措施实、成果丰。浙江省目前拥有各级别尤其是人类非遗、国家级、省级非遗的数量高居全国首位，是名副其实的非遗资源大省。近些年在文旅融合的政策背景下，积极推动传统文化传承生态保护区、非遗工坊、非遗集市等产业集群工程建设，赋能乡村振兴，助力共同富裕。2021年，国家将浙江省列为高质量发展建设共同富裕示范区，这对浙江省非遗工作如何助力共同富裕建设提出了新的更高的要求和课题。

灵隐寺是中国佛教禅宗十大古刹之一，距今已有1600余年历史，是名闻天下的江南古刹。"灵隐"作为一个文化符号，在历史的演变中，早已超越单一的宗教文化，与市民社会、世俗文化相融合，展现出更加慈悲、庄严、厚重的文化样貌，这让灵隐寺愈发显得凝重浑朴，其在精神内里与社会主义以人民为主体的文化内涵是相契合的。尤其是灵隐寺腊八节习俗的一系列活动，融入群众生活中，以亲切可感的形象展现仁爱精神，使得中国农耕文明的精魂在当代都市生活中得到生动展演。腊八节习俗列入国家级非遗代表性项目名录，开展的一系列保护、传承、传播活动，对于弘扬中华民族的传统美德，进一步增强文化自信具有非常重要的价值和意义。

宋神宗熙宁四年（1072年），时任杭州通判的苏轼来到灵隐寺过腊八节，并且写下《留题灵隐寺方丈》一诗，诗中写到："溪山处处皆可庐，最爱灵隐飞来孤。乔松百丈苍髯须，扰扰下笑柳与蒲。高堂会食罗千夫，撞钟击鼓喧朝晡。"其中"高堂会食罗千夫，撞钟击鼓喧朝晡"两句描绘的就是腊八节民众结伴前往灵隐寺喝腊八粥的热闹场景。我辈生逢盛世，祝福腊八节习俗能在新时代绽放出更加绚烂的光彩。

浙江省民族宗教事务委员会副主任　钟新章

2023年1月

一、腊八节习俗的历史渊源

腊八节是中国传统的岁时节日之一，其历史极为悠久，节日时间在农历十二月初八。腊八节是十二月中最重要的节日之一，也是春节的前奏。民谣中唱曰：『小孩小孩你别馋，过了腊八就是年。』『喝了腊八粥，就把年来数。』极好地说明了这一节日与春节的关联性。

一、腊八节习俗的历史渊源

腊八节是中国传统的岁时节日之一，其历史极为悠久，时间为农历十二月初八。农历十二月又称"腊月"，是一年岁尾新旧之交祭祀祖先和神灵的日子。腊八节是十二月中最重要的节日之一，也是春节的前奏。民谣中唱道："小孩小孩你别馋，过了腊八就是年。""喝了腊八粥，就把年来数。"极好地说明了这一节日与春节的关联性。腊八节源于古代的腊日祭祀风俗，在佛教传入中国以后，又与佛教始祖释迦牟尼成道日融合，成为一个既具有世俗基础、又具有宗教色彩的节日。

[壹] 腊八节习俗溯源

岁时节日的形成，有两项必不可少的要素：一是相对固定的时间；二是周而复始的节俗活动。腊八节的形成经历了一个漫长的过程。总体来说，中国的腊八节肇始于先秦，成形于汉魏，发展于唐宋，繁盛于明清，式微于清末民国。

腊八节的源起可追溯到先秦时代腊日的祭祀活动，有蜡祭和腊祭两种形式。蜡祭主要是祭祀农业神，腊祭主要是祭祀祖宗，但当时的活动时间并不固定。夏代的腊日在夏历十二月，商代在夏历十一月，周代在夏历十月，秦代在夏历九月，不过都是在各自历法中的最后一个月。到了汉武帝时代腊日又回到了夏历十二月，并把具体时间定在了冬至后的第三个戌日。汉代许慎《说文解字》："腊，冬至后三戌，腊祭百神。"腊日的蜡祭和腊祭这两种不同的祭祀活动体现了我们的先祖对农事和祖宗的敬畏与重视。

蜡祭作为祭祀农业神的活动，是国之大事。《礼记·郊特牲》云："天子大蜡八。伊耆氏始为蜡。蜡也者，索也。岁十二月，合聚万物而索飨之也。"当时蜡祭的对象有八位："先啬一，司啬二，农三，邮表畷四，猫虎五，坊六，水庸七，昆虫八"。这些都是与农业生产关系密切的神，祭祀的目的就是报答诸神对农业丰收的庇佑。《礼记·郊特牲》载有伊耆氏时代的《蜡辞》："土反其宅，水归其壑，昆虫毋作，草木归其泽！"《蜡辞》以祈使的口吻，用咒语的形式进行祈禳，表达出劳动者企图躲避自然灾害，期得神灵帮助，获得丰收的要求。蜡祭气氛热烈，场面宏大，如《礼记·杂记》言"一国之人皆若狂"。由于处于农闲时期，加上官方重视，百姓告别农事操劳，通过蜡祭放松神经，感受丰收的欢愉。

腊祭则主要是指祭祀祖先。应劭《风俗通义》曰："腊者，猎也，言田猎取禽兽，以祭祀其先祖也。"又曰："腊者，接也，新故交接，故大祭以报功也。"《礼记·月令》记载："天子乃祈来年于天宗，大割祠于公社及门闾，腊先祖、五祀，劳农以休息之。"

可见，时人年终要狩猎，用所获猎物来祭祀祖先，以感恩祖先的赐予，祈求祖宗的保佑，期望来年风调雨顺，庄稼丰收。

隋朝杜台卿的《玉烛宝典》云："腊者祭先祖，蜡者报百神，同日异祭也。"概而论之，蜡祭始于祭祀八位农业神灵，其祭品多为五谷，祭祀场合多在郊外；而腊祭是天子对先祖及五祀等的祭祀活动，祭品多为猎获的禽兽，祭祀场合多为宗庙。而且，如果遇到歉收之年，蜡祭可能停止举行，而腊祭则不受影响。

秦汉以来，蜡祭和腊祭逐渐合一，统称为腊祭。汉代腊祭是非常重要的祭祀活动，时间在冬至后第三个戌日，即农历十二月。腊祭期间，官方和百姓均可纵情宴饮。但不管是蜡祭还是腊祭，都是基于农耕文明背景下朴素的报恩观念，其目的一是酬神，感念祖先、百神对农业生产的护佑；二是祈福，希望来年能够继续得到祖先、百神的恩庇。

至南北朝，腊日固定到夏历十二月初八，而且随着佛教传入，佛祖成道日与腊日祭祀相互影响并走向融合，形成了带有宗教色彩的腊八节雏形。《荆楚岁时记》载："十二月八日为腊日。谚语：'腊鼓鸣，春草生。'村人并击细腰鼓，戴胡头，及作金刚力士以逐疫。"此时的腊祭融入了佛教的金刚、力士的角色参与的驱傩活动。

唐宋以来，随着佛教的社会影响不断扩大，传统腊日习俗渐渐式微，带有佛教色彩的腊八节获得了更广泛的民众基础。明代谢肇淛《五杂俎》卷二载："腊之名，三代已有之。夏曰嘉平，殷曰清祀，周曰大蜡，总谓之腊。……今人亦不知有腊，但以十二月为腊月，初八日为腊八日而已，不知冬至后三戌为腊也。"这说明至迟到明代，人们对"冬至后三戌为腊"的认识已经几乎完全淡忘。但宋代之前，作为腊八节标志饮食的腊八粥尚未出现。

延伸阅读：古代腊日活动

腊八节是由古代腊（蜡）祭逐步发展而来的，祭祀的目的无外乎通过感念祖先、敬奉神灵的方式祈求国泰民安、风调雨顺、五谷丰登。除了祭祀外，也有一些其他活动。

汉朝时曾规定腊日这天要以猪羊祀社稷，并允许吏民宴饮。晋代在腊日饮祭后，老人儿童还要做藏钩的游戏。魏晋南北朝时的腊日，人们要击鼓、戴假面扮傩以逐疫，这是当时治病驱疫的医疗手段之一。唐以后，腊祭又有了一项"赐腊"的仪式，即腊日这天，帝王要召群臣赐食，加口脂、腊脂，谓之"赐腊"。宋熙宁以后，宫廷之内亦有腊日赐群臣口脂、面药之礼。

［贰］腊八粥与寺院的施粥活动

腊八粥是腊八节的节日饮食符号，寺院在腊八节以腊八粥供佛、施粥民众是重要的节俗活动。关于腊八粥的起源，传说始自印度。南北朝萧梁时期的僧祐所作的《释迦谱》载："尔时太子（释迦牟尼）……身形消瘦，有若枯木。修于苦行，垂满六年不得解脱，故知非道。……时彼林外有一牧牛女人，名难陀波罗。时净居天来下劝言：'太子今者在于林中，汝可供养。'女人闻已，心大欢喜。于时，地中自然而生千叶莲华，上有乳糜。女人见此，生奇特心，即取乳糜至太子所，头面礼足而以奉上……（太子）即受食之，身体光悦，气力充足，堪受菩提。"佛祖因受了牧女的乳糜，悟道成佛，这一天正好是十二月初八。

乳糜即粥，粥是寺院的主食之一，而且具有严格的粥法及制度。佛祖总结了食粥的诸多益处，佛经记载："佛在舍卫城时，难陀母作食，先饭比丘，后自食。复作釜饭，逼上饭汁自饮，觉身内风除，宿食顿消。由是多水，少米合煎，复用胡椒、荜茇调和奉佛。所以佛听比丘食粥，有十种利故：一、资益身躯，颜色丰盛；二、补益尪羸，增长气力；三、补养元气，寿算增益；四、清净柔软，食则安乐；五、滋润喉吻，论议无碍；六、调和通利，风气蠲除；七、温暖脾胃，宿食消化；八、气无碍滞，辞辨清扬；九、适充口腹，肌馁顿除；十、喉吻沾润，渴想随消。谓粥有如是利益，不可思议，果报亦不可思议。其饶益行人是愿表因；果报常乐表果。谓施主以十利之粥供养者，必当感证涅槃妙果，而获常、乐、我、净四德也。"[1]在粥法制度上，佛教认为："粥法者，佛听食八种粥：酥粥、油粥、胡麻粥、乳粥、小豆粥、摩沙豆粥、麻子粥、清粥；啜时不作声。是名粥法。"[2]粥是寺院的食物象征，是寺院生存的保障。因此，腊八粥产自寺院不足为奇。明代学者周祈指出："腊日始于殷之清祀，汉以后以运墓为腊，无定日。腊八粥始于佛家作五香粥灌佛。"[3]而且，早期的腊八粥应该是局限在寺院内，用于供佛或寺僧食用。随着佛教影响的扩大和寺院财力的增长，腊八粥及佛寺的施粥活动才可能传布到民间。不过目前尚无文献佐证。

粥在我国的饮食中也很普遍，如《后汉书·冯异传》载："时天寒烈，众皆饥疲，异上豆粥。"《荆楚岁时记》亦有记述："望日祭门……仍以酒脯饮食及豆粥插箸而祭之。"在我国文献中对腊八粥的明确记载始自宋代，而且上至官方下到黎民均熬食腊八

---

[1]《毗尼日用切要香乳记》卷下《受食门》，《续藏经》第 106 册，新文丰出版公司，1994 年，第 191 页。

[2]《十诵律》卷五十六《比丘诵》，《大正新修大藏经》第 23 册，佛陀教育基金会，1990 年，第 415 页。

[3]（明）周祈：《名义考》卷二《节令所起》，《文渊阁四库全书》本第 856 册，台湾商务印书馆，1986 年，第 315 页。

粥。孟元老所著《东京梦华录》是目前所见最早的文献，其卷十载："十二月，街市尽卖撒佛花、韭黄、生菜、兰芽、勃荷、胡桃、泽州饧。初八日，街巷中有僧尼三五人，作队念佛，以银铜沙罗或好盆器，坐一金铜或木佛像，浸以香水，杨枝洒浴，排门教化。诸大寺作浴佛会，并送七宝五味粥与门徒，谓之'腊八粥'。都人是日各家亦以果子杂料煮粥而食也。"从此文献可见，北宋的佛寺在腊八日要作队念佛、排门教化、作浴佛会，而且要施粥于门徒，此时的腊八粥也称"七宝五味粥"。当时开封城内的居民在腊八节也会以"果子杂料煮粥"。

宋室南渡后，腊八习俗亦随之南迁。周密《武林旧事》卷三载："八日，则寺院及人家用胡桃、松子、乳蕈、柿、栗之类作粥，谓之'腊八粥'。"吴自牧《梦粱录》卷六亦载："此月八日，寺院谓之'腊八'。大刹等寺，俱设五味粥，名曰'腊八粥'；亦设红糟，以麸乳诸果笋芋为之，供僧，或馈送檀施、贵宅等家。"宋人吕希哲《岁时杂记》明确记载："十二月八日，佛成道日。僧家以乳蕈、胡桃、百合等造七宝粥，亦谓之咸粥，供佛及僧道、檀越。"从文献可知，腊八节煮食腊八粥已经成为佛寺和民间普遍的传统，寺院的腊八粥也开始馈送"檀施、贵宅等家"。

宋代诗人的诗词中也屡见记载。陆游《十二月八日步至西村》云："腊月风和意已春，时因散策过吾邻。草烟漠漠柴门里，牛迹重重野水滨。多病所须唯药物，差科未动是闲人。今朝佛粥更相馈，更觉江村节物新。"北宋末期的王洋，有诗记载："腊月八日梁宋俗，家家相传侑僧粥。栗桃枣柿杂甘香，菱棋芝栭俱不录。"文人的诗词记载说明宋代腊八节宗教色彩和世俗基础兼具，内涵基本稳定，已经普遍为大众所认可。

腊八粥自宋代产生以后便成为腊八节的标志性食品，一直延续到今天。其间，腊八粥的食材、种类、称谓亦有变化。元人熊梦祥的《析津志》中记载腊八日要喝"红糟粥"和"朱砂粥"：

"腊月皇都飞腊雪，铜槃冻折寒威冽。八日朱砂香粥啜，宫娥说，毡帏窣下休教揭……是月八日，禅家谓之腊八日，煮红糟粥，以供佛饭僧。都中官员、士庶作朱砂粥。传闻禁中一如故事。"

到明代，腊八粥已经成为帝王赏赐朝臣的佳品，腊月初七晚上宫里就开始忙碌。腊八节当天，"帝后要向文武大臣、侍从宫女们赐粥，还要请僧侣们诵经，以庆祝释迦牟尼得道成佛。同时以杂粮干果等熬腊八粥供佛并馈赠来参加盛会的俗众。"[1]在民间，腊八粥熬好之后先敬神祭祖，之后赠送亲友。刘若愚《酌中志》卷二十记载："初八日，吃腊八粥。先期数日，将红枣捶破泡汤。至初八早，加粳米、白果、核桃仁、栗子、菱米煮粥。供佛圣前，户牖、园树、井灶之上，各分布之。举家皆吃，或亦互相馈送，

[1]曹鸿涛：《大明风物志》，汕头大学出版社，2008年，第89页。

夸精美也。"

这说明，明代腊八粥有了更丰富的内涵，除用于供佛圣外，还用来祭园树、祭井灶等。

清代，有关腊八粥的记载非常多，对于腊八粥的用料、做法记述详实，腊八粥的功能主要有供佛、祭祖、馈赠等。如潘荣陛《帝京岁时纪胜》："腊月八日为王侯腊，家家煮果粥。皆于预日拣簸米豆，以百果雕作人物像生花式。三更煮粥成，祀家堂门灶陇亩，阖家聚食，馈送亲邻，为腊八粥。"光绪《顺天府志》记："腊八粥，一名八宝粥，每岁腊月八日，雍和宫熬粥，定制，派大臣监视，盖供上膳焉。其粥用米杂果品和糖而熬。民间每家煮之，或相馈遗。"该文献中腊八粥已经被称为"八宝粥"。李福《腊八粥》："腊月八日粥，传自梵王国。七宝美调和，五味香糁入。"诸多文献皆说明了清代腊八节煮食、馈赠腊八粥的兴盛，腊八粥的食材种类多样、制作工艺完善，人们不仅注重其食用功能，而且对于食材的艺术性也加以追求，从帝王权贵到平民百姓，莫不青睐这一节俗食品。

腊八粥自宋以来世代传承，它不仅仅是一种食品，而且是一个文化符号。腊八粥的历史演变体现了中华文化的包容与多元，它在功能上满足了腊八节习俗供佛、祭祖、馈赠的需要，反映了佛教的世俗化进程，而且作为一种健康饮食具有广泛的群众基础。

延伸阅读：关于腊八粥由来的小故事

腊八粥与释迦牟尼成道日

传说释迦牟尼本是古印度北部迦毗罗卫国（今尼泊尔境内）净饭王的儿子，他见众生受生老病死等痛苦折磨，又不满当时婆罗门的神权统治，舍弃王位，出家修道六年。在这六年苦行中，每日仅食一麻一米，形容消瘦，疲惫不堪。有一天，释迦牟尼因饥饿劳累过度，昏倒在地。有一叫难陀波罗的牧牛女，用杂粮和水果制作了乳糜供释迦牟尼食用。释迦牟尼食用乳糜后恢复了元气，在附近的尼连河洗了个澡，然后在菩提树下静坐沉思，在十二月初八那天终于悟道成佛，这一天被认为是佛成道日。后人不忘他所受的苦难，于每年腊月初八吃粥以作纪念。各大佛寺，每年在佛成道日这天都要煮制腊八粥，僧众效法牧牛女以乳糜供佛。为了显示佛祖的慈悲，各佛寺还要以腊八粥馈赠给门徒和善男信女。僧人腊月初八吃粥的习惯，后来传到民间，便成为民间的腊八节日习俗。

腊八粥与岳飞

传说宋代民族英雄岳飞抗金于朱仙镇，正值数九严冬，岳家军缺衣少食、挨饿受冻，周围百姓都争相送粥支持岳家军将士，岳家军饱餐了一顿百姓送的"百家饭"，大胜而归，

此日正是十二月初八。后岳飞为秦桧陷害，蒙冤而亡，百姓每年都会在腊月八日煮粥纪念他。

腊八粥与朱元璋

相传明太祖朱元璋小时候家境贫寒，有一次给地主家放牛，不小心连人带牛跌落到桥下，老牛摔伤了腿。地主把朱元璋关起来，三天三夜不给饭吃。朱元璋饥饿难耐。忽然发现屋子里有一个老鼠洞，就想捉一只老鼠充饥。于是，他伸手掏进老鼠洞，一摸，竟然发现这是老鼠的粮仓，掏出了玉米、大米、红豆、红枣等杂粮干果。朱元璋十分高兴，就将这些挖出来，混在一起煮了一锅粥。朱元璋饱餐一顿，觉得味道十分香甜可口。后来朱元璋当了皇帝，天天山珍海味，未免也觉得平淡乏味。十二月初八这天，朱元璋忽然想起了小时候用老鼠粮煮的粥，就命御厨用各种杂粮和干果煮粥食用，吃后大悦，赐名"腊八粥"。

[叁] 腊八节的历史演变

腊八节虽然可追溯到先秦时的腊祭和蜡祭，但长久以来其时间不固定，形式比较严肃，也没有煮粥、施粥等节俗活动，还不具备传统节日的完整内涵。不过，腊八节的形成并非朝夕之间，而是经过了一个不断演化、增衍的过程。

东汉以来，佛教传入，但初期传布范围较小，仅限于少数王公贵族之间。汉末至南北朝，佛教逐渐由社会上层遍及民间，在民间影响越来越大。唐代文献《时文轨范》曰："腊日：嘉平应节，惜腊居辰。良词贵石之时，野折如来之日。""野折如来之日"是指释迦牟尼成道之事。正是由于佛成道日与腊日时间接近，二者逐渐融合，成为官民僧俗共同的节日。

唐宋时期，由于官方对腊日活动重视程度下降，腊日的官方背景越来越淡化，与佛教相关的腊八节活动得到发展。唐代腊八节主要的活动有设浴洗僧和煮药食。唐代僧人道世所撰《诸经要集》卷八谓："佛以腊月八日……佛言：佛以法水洗我心垢。我今请僧洗浴以除身秽，仍除常缘也。"下面夹注谓："今腊月八日洗僧，唯出此经文。"[1] 说明唐代时腊八节已有"洗僧"之俗。敦煌地区的佛教寺院在腊日的时候要祭奠亡僧和煮药食，以此来表示对佛的敬念。[2] 煮药食是指用油和面和在一起进行炒制，其很可能是腊八粥的前身，当时仅限于寺院僧人腊八食用。《法藏敦煌西域文献》第22册《行像社聚物历》中记载："十二月八日抄药食，油半升。"《英藏敦煌文献》卷三《辛亥年十二月某寺直岁法胜所破油面历》记载："十二月八日，面五升、油半升，祭拜吴和尚及

---

[1] 夏日新：《长江流域岁时节令》，湖北教育出版社，2004年，第261页。
[2] 张国刚：《佛学与隋唐社会》，河北人民出版社，2002年，第255页。

炙药食用。"除了洗僧、煮药食外,唐代腊八节还有燃灯礼佛之俗,无论寺院还是民间皆参与。

宋代时,传统腊日祭祀之俗进一步式微,腊八节期间出现了煮食腊八粥的习俗,无论在佛寺还是在民间均产生了非常重要的影响,腊八节逐渐定型。宋代腊八粥的原料已不同于天竺"乳糜"和敦煌"药食",大致上是胡桃、松子、乳蕈、柿子、栗之类。此时佛寺馈赠腊八粥已经非常普遍,东京各大寺院在腊八节均有煮粥、施粥的活动。民间喝腊八粥的意义在于庆祝五谷丰登、驱逐鬼邪瘟疫,而僧侣是为了纪念佛祖,广施仁爱。在宋代,腊八节还有送腊药除疫之新俗。《武林旧事》中记载:"医家亦多合药剂,侑以虎头丹、八神、屠苏,贮以绛囊,馈遗大家,谓之腊药。"说明腊八节节日内涵还在不断增衍变化。

元代腊日祭祀已难以延续,但继承了自宋开始的腊八节煮粥供佛活动。元朝熊梦祥在《析津志》说:"十二月八日,禅家谓之腊八日,煮红糟粥,以供佛饭僧。"据说红糟米是用粳米拌和酒曲,发酵后的红色曲米,能活血消食。[1]

明代,腊八节煮食腊八粥之俗盛行宫廷,皇帝要以之赐百官。《燕都游览志》就记载:"十二月八日,赐百官果粥。"腊八粥的种类和形式也不断增加,煮食腊八粥活动在民间也极兴盛。除腊八

[1] 张庆虎:《中华传统节日:腊八节》,东北师范大学出版社,2011年,第18页。

粥外，明代某些地方还有制作腊酒和腊肉的习俗。《万历嘉定县志》云："十二月至后三戌为腊，以腊水酿酒，久而益佳。腊时为鸡、鹅、羊、豕之腊，经岁不败，富室多蓄之以待宾客。"

清代，腊八节在各地城乡普及，是日家家户户都要煮粥。从准备材料、煮粥、喝粥，到馈送亲邻、延续情谊，体现了腊八节和腊八粥已经深入人心，成为腊八节的标志性活动。清廷对腊八节非常重视，从皇帝到王公大臣莫不参与。宫廷腊八粥制作讲究，富察敦崇所著《燕京岁时记》载："腊八粥者，用黄米、白米、江米、小米、菱角米、栗子、红豇豆、去皮枣泥等，合水煮熟，外用染红桃仁、杏仁、瓜子、花生、榛穰、松子，及白糖、红糖、琐琐葡萄，以作点染。切不可用莲子、扁豆、薏米、桂圆，用则伤味。每至腊七日，则剥果涤器，终夜经营，至天明时则粥熟矣。……并用红枣、桃仁等制成狮子、小儿等类，以见巧思。"[1] 如此多的原料和复杂的制作工艺，反映出官方对腊八文化的认可和推动。从乾隆年间开始，雍和宫煮制的腊八粥由皇帝赐给朝中和地方文武百官，并成为惯例。从腊月初一开始，内务府就派司员把粥材和干柴运送到雍和宫，初五晚上准备就绪，初七生火，初八熬好，全程都有官员监督。第一锅粥献佛，第二锅粥献皇帝，第三锅粥赏赐王公大臣和大喇嘛，第四锅粥给文武官员和封在各

[1] 富察敦崇：《燕京岁时记》，北京古籍出版社，1981年，第92页。

省的大官吏，第五锅粥分给雍和宫的众喇嘛，第六锅粥作为施舍，赈济贫民。清代夏仁虎《腊八》诗云："腊八家家煮粥多，大臣特派到雍和。圣慈亦是当今佛，进奉熬成第二锅。"可以说清代雍和宫煮制、赏赐腊八粥活动，代表了腊八节发展到了鼎盛阶段。腊八时天气寒冷，腊八节施粥成为慈善之举，突显了其积极价值。

延伸阅读：清代雍和宫的腊八粥

清《燕京岁时记》载："雍和宫喇嘛于初八日夜内熬粥供佛，特派大臣监视，以昭诚敬。其粥锅之大，可容数石米。"这里"初八日夜内"实指初八日凌晨。至两点粥已熬熟，即派员将粥盛在碗内，以托盘送至雍和宫各殿佛像前供奉，每尊佛像前一碗、三碗、五碗不等。天明后，蒙古王公进宫复命。

在中国第一历史档案馆内，保存有清代各时期雍和宫熬粥的奏折，内中包括腊八日所诵经文和熬粥所用的米豆、干果、家什、木柴以及所雇人员、所用银两的数量，详细至极。

当时熬腊八粥的场所设在雍和宫东阿斯门内，故东阿斯门北院得名"铜锅院"。其屋内炉灶为3米见方，并以5根铁柱来支撑大锅，深6米，中央圆铁柱为空心，系回流空气之用。其粥锅是由8吨铜铸成，直径2米，深1.5米，是乾隆九年（1744年）皇宫养心殿造办处制造的。后此大锅移至天王殿院内的鼓楼脚下，供游人观赏。[1]

　　清代腊八节不仅有腊八粥，亦有造腊醋腊酒、穿耳剃发和娱乐游戏等活动。《鹤峰州志续修》记载："十二月，称'腊月'。初八日为'腊八日'，幼女亦穿耳。用盐渍脯，曰'腊肉'；盎贮水，曰'腊水'，经三春不坏。"乾隆《荥阳县志》载："为小儿剃发，曰'腊葫芦'。"清末至民国，因时局动荡，思想革新，腊八节作为传统节日受到极大冲击。

　　腊八节是中国传统农耕文化、佛教文化和世俗文化共同碰撞而形成的传统节日，其在历史中的演变也体现出官方、寺院、民间的互动，而只有官方支持、寺院推动、民间大众积极参与，这一民俗活动才能更好地传承与发展。

　　从腊八节的演变中可以看出，我国腊八节的文化，是古代腊祭与佛教以腊八粥供佛相结合的产物，腊祭因为距春节太近，至汉末而逐渐被冷落。此时，刚好佛教传入中国，并带来了佛陀腊八成道的故事，寺庙由此有腊八粥供佛之说，后演化为馈赠居士信众。因其与我国古代的腊祭同在腊月，于是民间将其作为腊祭的替代，逐渐流行开来。

[1] 参见李立祥，李颖：《雍和宫》，北京出版社，2015年，第202—203页。

二、灵隐寺与腊八节习俗的传承发展

具有千余年历史的灵隐寺，毫无疑问见证了杭州地区腊八节习俗的世代传承与发展。作为非物质文化遗产的腊八节习俗突显出其在无形精神和思想文化层面的强大历史穿透力，腊八文化世代相承，延续至今，焕发出新的光彩。

二、灵隐寺与腊八节习俗的传承发展

　　从腊八节的发展史可见，佛教文化与之有着深厚的渊源。正是由于佛教的发展促成了腊八节丰富内涵的形成及其在民间的广泛流行。杭州有"东南佛国"之誉，杭州的佛教始于东晋、兴于五代、盛于南宋。灵隐寺、净慈寺、法喜寺、径山寺、韬光寺、永福寺、灵顺寺、中天竺法净禅寺等都在历史上赫赫有名。具有千余年历史的灵隐寺，毫无疑问也见证了杭州地区腊八节习俗的

灵隐寺俯瞰

灵隐寺一角

世代传承与发展。作为非物质文化遗产的腊八节习俗突显出其在精神和思想文化层面的强大历史穿透力，虽然灵隐寺时建时毁，但是腊八文化却世代相承，延续至今，焕发出新的光彩。

[壹] 灵隐寺的历史与文化

1. 灵隐寺的地理环境

灵隐寺又名云林寺，位于西湖风景名胜区内，灵隐景区总体占地面积约257.7万平方米，寺庙占地面积约8.7万平方米，主要以天王殿、大雄宝殿、药师殿、法堂、华严殿为中轴线，两边附以五百罗汉堂、济公殿、华严阁、大悲楼、方丈楼等建筑。寺庙坐落在杭州西湖以西的天竺山麓，背靠北高峰，面朝飞来峰。所

灵隐寺周边环境

处地理环境清幽，山峰奇秀，林木茂盛，每每春雨过后，便见云烟万状，即所谓"仙灵所隐"之地。

从大的地理环境看，灵隐寺所在地杭州位于浙江省北部，钱塘江下游、京杭大运河南端，自秦朝设县治以来已有2200多年的历史。辖区东临杭州湾与绍兴相接，南靠衢州、金华，北与湖州、嘉兴接壤，西与安徽省黄山、宣城交界。属于亚热带季风气候，四季分明，雨量充沛。全年平均气温17.8℃，平均相对湿度70.3%，年降水量1454毫米，年日照时数1765小时。杭州物产丰富，素有"鱼米之乡""丝绸之府"之美誉，杭州蚕桑、西湖龙井茶闻名全国。西湖区位于杭州市西部，地域西部与中部高，山脊走向呈横躺的"丁"字形，为天目山余脉，多为海拔 300 米以下的丘陵。峦峰凝翠，植被丰富，山间溪涧淙淙，风光秀丽。北部与南部为平原，河流纵横。钱塘江自南而北曲折而下，具航运、灌溉、养殖之利。境北的余杭塘河横贯东西，新开运河纵贯南北。西湖三面云山一面城，是著名游览胜地。全区平原与山地各占一半左右，俗称五山四地一分水。南宋诗僧释绍嵩《题灵隐》曰："古刹藏幽胜，山门九里松。飞空花片片，落涧水淙淙。叶积池边路，云生户外峰。几因留我宿，吟到五更钟。"从诗中亦可窥见彼

灵隐寺周边环境

时灵隐寺所处的自然环境，古刹幽胜，落涧流水，云生户外。

2. 灵隐寺的历史沿革

灵隐寺始建于 326 年，距今已有 1600 余年历史，是中国佛教禅宗十大古刹之一。东晋咸和元年（326 年），西印度僧人慧理由中原云游入浙，至武林（即今杭州），见飞来峰，乃曰："此乃中天竺国灵鹫山一小岭，不知何代飞来。佛在世日，多为仙灵所隐。"遂于峰前建寺，名曰灵隐。嘉靖《浙江通志》卷二记载："武林山俗称西山，在县（钱塘县）西一十五里，高九十二丈，周一十一里，其峰之北起者曰北高峰，山前有飞来峰。晋咸和间，西僧慧理登而叹曰：此乃中天竺国灵鹫山之小岭，不知何自飞来。仙灵隐窟，今复尔否？因名山曰灵隐，建灵隐寺，命其峰曰飞来。"历史上的灵隐寺殿宇巍峨，气势磅礴，曾建有房屋 1300 余间，僧众 3000 余人，有九楼、十八阁、七十二殿堂，是中国东南地区最大的佛寺。

灵隐寺初创时期佛法未盛，僧众不多，香火寂寥。至南北朝，虽然社会动荡，民生凋敝，却也带来了思想的自由，佛法广为流布。统治集团极力推崇佛教，信奉佛法，如南齐竟陵王萧子良与梁武帝萧衍等，梁武帝萧衍甚至将佛教奉为国教。名士谢灵运曾经游览灵隐寺并留下《三生石》诗一首：

四城有顿踬，三世无极已。浮欢昧眼前，沉忧贯终始。

壮龄缓前期，颓年迫暮齿。挥霍梦幻顷，飘忽风雷起。

良缘殆未谢，时逝不可俟。敬拟灵鹫山，尚想祇洹轨。

绝溜飞庭前，高林映窗里。禅室栖空观，讲宇析妙理。

得到谢灵运这样的名士关注，说明当时的灵隐寺已经盛名在外。可惜至北周武帝年间（560—578 年），周武帝宇文邕下令"初断佛、道二教，经像悉毁，罢沙门、道士，并令还民"。同时还下令"三宝福财，散给臣下，寺观塔庙，赐给王公"。一场大规模的、轰轰烈烈的灭佛行动由此展开，灵隐寺受到极大冲击。

隋唐时期，国家统一，社会安定，佛教逐渐复兴并稳定发展。隋仁寿二年（602 年），隋文帝恢复佛教，并派僧人慧诞法师来杭弘扬佛法。唐代的灵隐寺已具相当规模，僧人数量也逐渐增多。从茶圣陆羽的《灵隐寺记》可见一斑："晋宋已降，贤能迭居。碑残简文之辞，榜蠹稚川之字。榭亭岿然，袁松多寿。绣角画拱，霞晕于九霄；藻井丹楹，华垂于四照。修廊重复，潜奔潜玉之泉；飞阁岩晓，下映垂珠之树。风铎触钧天之乐，花鬘搜陆海之珍。碧树花枝，春荣冬茂；翠岚清籁，朝融夕凝。"宋人罗处约在其《灵隐寺碑记》中云："唐大历六载，复大壮焉，榭亭岿然，袁松多寿。"足以说明彼时灵隐寺的壮大。从唐会昌二年（842 年）至会昌六年（846 年），唐武宗发起了大规模拆毁佛寺和强迫僧尼还俗的毁佛运动，佛教史上称"会昌法难"。灵隐寺难以幸免，"寺

院毁僧散，虽几经兴复，但都规模不大，难复习原貌"[1]。

五代时期，吴越王钱镠支持境内佛教寺院发展。钱氏三代五王始终奉行"信佛顺天"之旨，使得吴越国内，遍布寺院。据南宋《咸淳临安志》记载："吴越国时，九厢四壁，诸县境内，一王所建，已盈八十八所，含十四州悉数数之，不胜举目矣。"后汉天福十二年（947年），吴越王钱弘俶曾扩建灵隐寺为九楼、十八阁、七十二殿。一时间僧众三千之多，常有异邦僧侣前来取经。后周显德七年（960年），他又从奉化请来高僧延寿主持灵隐寺，新建僧舍五百余间，建石幢二座。东建百尺弥勒阁，西有祇园，共有殿宇房舍一千三百余间，廊庑曲折萦回，自山门左右连接方丈，称寺为"灵隐新寺"[2]。

宋代，由于皇室重视，灵隐寺的发展进入鼎盛期。《灵隐寺志》载："宋真宗皇帝景德四年，敕赐额，改灵隐寺作'灵隐山景德寺'。敕赐金牌一面。敕赐御书牌一轴。仁宗皇帝天圣三年，皇太后赐脂粉钱九千五十四贯。庆历七年，敕赐御制歌颂等件。"[3] 南宋时期，宋室南渡，定都临安，政治中心南移，佛教也更加繁荣。宋高宗于绍兴五年（1135年），将灵隐寺改名为"灵隐崇恩显亲禅

---

[1] 冷晓：《杭州佛教史》（下），百通出版社，2001年，第17页。

[2] http://www.lingyinsi.org/list_17.html.

[3]（清）孙治初辑，徐增重修：《灵隐寺志》，杭州出版社，2006年，第73页。

灵隐寺东塔

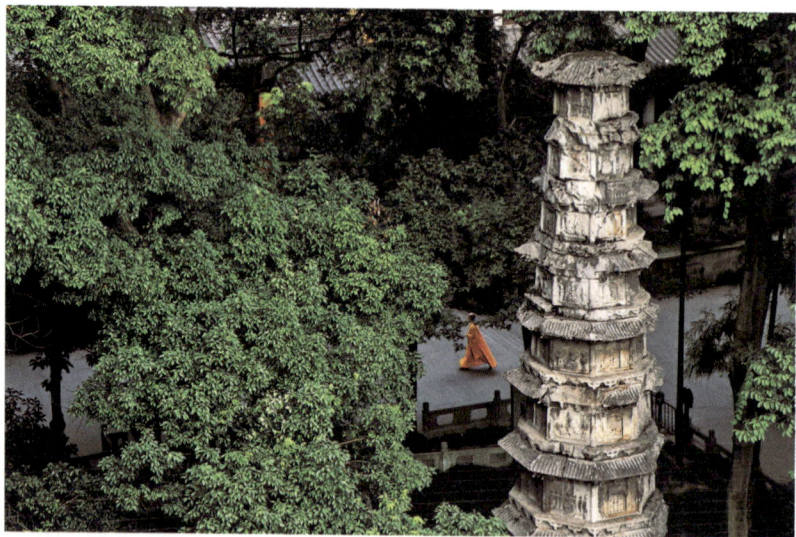

灵隐寺古塔

寺"。高宗和孝宗时常到灵隐寺进香，闲暇之际，挥洒翰墨。宋理宗把显亲禅寺原有的大雄宝殿改名为"觉皇殿"，另外赐书"妙庄严域"四字。宋孝宗乾道六年（1170年），赐灵隐寺住持慧远号"佛海禅师"。乾道八年（1172年），宋孝宗亲临灵隐，宣慧远奏对，又赐号"瞎堂禅师"，改法堂名为"直指堂"，又赐瞎堂禅师"直指堂"印。[1] 南宋历任皇帝的支持让灵隐寺有了无上荣光，实现了极大发展和繁荣。

元代作为一个少数民族政权，萨满教在宫廷和民间占支配地位，佛教、道教等其他宗教仍可自由传教，但已大不如宋代的繁

[1] http://www.lingyinsi.org/list_17.html.

盛。灵隐寺亦有毁有建，元顺帝至正十九年（1359年），寺毁于兵火，损失惨重。尽管住持辅良于至正二十三年（1363年）重修，但仅建了方丈室与伽蓝堂，灵隐寺的盛况已不再。

明初朱元璋建国后重视佛教，崇尚佛法，曾诏令佛门高僧进京参加佛教法会，灵隐寺作为江南名寺，寺中数位僧人奉诏入京。灵隐寺的建筑规模逐渐恢复，高僧辈出，佛法日盛。洪武三年（1370年），明太祖把灵隐寺住持见心复召至京说法，轰动朝野，明太祖亲封他为"十大高僧"之一，授以金襕袈裟。洪武十七年（1384年），住持慧明重建了觉皇殿，改寺名为"灵隐禅寺"。正统十一年（1446年），寺僧弦理建直指堂，这时，寺内已复建有弥勒阁、莲峰阁、千佛殿、延宾水阁、望海阁及白云庵、松源庵等，稍具旧时规模。隆庆三年（1569年），灵隐寺全寺均毁于雷火，仅剩直指堂。万历十一年（1583年）冬开始重修灵隐寺，历五年而成，改觉皇殿为"大雄宝殿"。崇祯十三年（1640年），灵隐寺又遭火灾，仅大殿、直指堂等殿幸免于难。明末清初，灵隐寺已衰败不堪。

清统一全国后，社会渐趋稳定，灵隐寺的重建工作也得以展开。自顺治六年（1649年）始，在具德大和尚主持下，历时十八年，终于使灵隐寺面貌焕然一新。《灵隐寺志》称："虽曰重兴，实同开创。"重建后的灵隐寺共建成七殿、十二堂、四阁、三楼、三轩等。此时的灵隐寺规模宏大，雄冠东南，时人皆称灵隐寺为

"东南第一山"。帝王的临幸更凸显出灵隐寺的地位，康熙和乾隆先后多次巡幸江南，并游览灵隐寺。据《云林寺志》记载，康熙二十八年（1689年），康熙帝南巡杭州时，驾幸灵隐寺。当时的住持是谛晖，请康熙皇帝题一块匾额。康熙亲书"云林"二字，灵隐寺遂改名为"云林禅寺"。之后，康熙皇帝在康熙三十八年（1699年）、四十二年（1703年）、四十四年（1705年）又三至灵隐，均有记游诗文留下。乾隆皇帝六到灵隐寺，留下诗文四十首。清嘉庆、道光两帝，对灵隐寺也颇为关心，曾拨款给灵隐寺，作为修复与兴建的费用。嘉庆十四年（1809年），阮元为浙江巡抚时建成"灵隐书藏"，广集世典储藏其中。咸丰十年（1860年），太

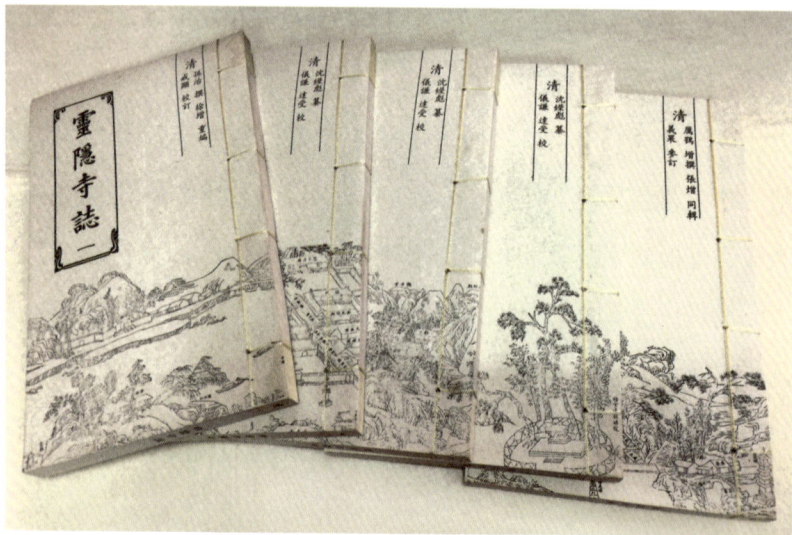

灵隐寺志

云林禅寺

云林禅寺

平军入杭州，大多寺宇被毁，灵隐寺仅存天王殿与罗汉堂。灵隐书藏中的珍贵藏物大量流入民间乃至湮没。近代军阀混战始，中国社会再次风雨飘摇，灵隐寺亦时建时废，处境艰难。

延伸阅读：灵隐寺具德大和尚重建后灵隐寺规模

　七　殿：天王殿、大雄宝殿、轮藏殿、伽蓝殿、金光明殿、大悲殿、五百罗汉殿。

　十二堂：祖堂、法堂、直指堂、大树堂、东禅堂、西禅堂、东戒堂、西戒堂、斋堂、客堂、择木堂、南鉴堂。

　四　阁：华严阁、联灯阁、梵香阁、青莲阁。

　三　楼：响水楼、看月楼、万竹楼。

　三　轩：面壁轩、青猊轩、慧日轩。

　中华人民共和国成立以后，在党和政府的支持下，灵隐寺逐渐修复。但经历"文化大革命"后，灵隐寺寺大僧少，宗风不振，生计艰难。直到改革开放后，随着党的宗教政策的开明，灵隐寺又勃发出生机。1982年，灵隐寺实行"双轨制"，外部"十方丛林制"和内部民主管理相结合，成立寺庙管理委员会。通过实行"门票制"（香花券）实现自给自养，并积极参与社会公益与慈善事业。1998年，木鱼法师出任灵隐寺方丈，重建了藏经楼和罗汉堂。

灵隐寺建筑布局

2007 年，光泉法师住持灵隐寺，在寺院管理和慈善公益事业发展方面成绩显著，佛教文化得到弘扬，灵隐寺焕发出了新时代的风采。2011 年 10 月 8 日，光泉法师正式荣膺灵隐寺方丈，引领灵隐寺逐渐走向新的高峰。

2. 灵隐寺的艺术与人文内涵

千年古刹灵隐寺在历史上久经风雨，见证了佛教的兴衰，其佛寺建筑和雕刻艺术高超，园林环境优美，楹联艺术独特，高僧大德辈出，帝王名士慕名而来，留下流传千古的诗文典故。

灵隐寺的建筑布局是儒、道、释思想综合影响的结果。儒家注重秩序，推崇中庸，强调对称、平衡。对于传统建筑的布局影

响深远。目前，灵隐寺主要以大门、天王殿、大雄宝殿、药师殿、直指堂（法堂）、华严殿为中轴线，两边附以五百罗汉堂、济公殿、联灯阁、华严阁、大悲楼、方丈楼等建筑所构成，殿宇恢宏庄严，结构严谨有序，主从关系明确。其中大雄宝殿是寺庙主体建筑，为单层重檐三叠式歇山顶建筑，高30余米，规模宏大。而道家主张自然，追求清静无为、简净雅致之意境，在建筑上善于借景，依山傍水，简单明快。灵隐寺栖隐于西湖边的秀山密林之中，清泉甘洌，禅房寂静，曲径通幽，佛塔高耸，较好地表达出中国式的审美理想。可以说，"灵隐寺的建筑以殿堂为主干，阁、房、亭、廊、塔相互配合，一起构成了一个既体现佛家智慧慈悲、体现儒家庄严秩序、体现道家性灵幽静的建筑文化空间"[1]。

灵隐寺的天王殿是佛教禅宗供奉四大天王的殿堂，面阔7间，进深4间，为单层重檐歇山式建筑，22米高。殿身为砖质墙体，台基由石条而筑，殿内由木质大柱支撑。匾额书写的是"云林禅寺"，由康熙皇帝所题，此匾悬此已经300余年。殿内塑像除韦驮塑像为一整块香樟木雕成的宋代的遗物外，弥勒佛、四大天王都是近年新塑。

大雄宝殿原名"觉皇殿"。明万历十一年（1583年）第4次重

---

[1] 高伟军:《佛教中国化视野下的杭州灵隐寺——以明清时期为例》，华中师范大学硕士学位论文，2012年。

建时改称大雄宝殿，并且建筑仿唐代样式。清宣统二年（1910年），重建时再度扩大，面阔7间，进深6间，高33.6米。其檐角高翘，角端塑有屋脊兽，殿顶边檐有瓦饰，建筑中还有多种雕刻与绘画。今殿内供奉的释迦牟尼佛像是1956年以唐代禅宗著名雕塑为蓝本，用24块香樟木雕成的，通高19.6米，妙相庄严，气韵生动，是我国最大的木雕坐式佛像，据说雕成后一次贴金即用去黄金60余两。[1]大雄宝殿作为寺庙正殿，体量规模大，建筑技艺精，凸显了其在整座寺院中的核心地位，也彰显了江南建筑的艺术风貌。

灵隐寺不仅有宏伟的建筑，依附于建筑的匾额、楹联也成为艺术文化的载体。灵隐寺的匾额不仅注重意境，而且是优秀的书法艺术。如"绝胜觉场""灵鹫飞来""最胜道场""皆大欢喜""天涯海国""阎浮静域""万家依归""仰之弥高""脐中放光"等分别为葛洪、黄元秀、龚勉、陈知庠、方汉云、钱罕、马公愚、叶为铭等署题。[2]大雄宝殿楹联有"宝坊阅千载常新，楼阁喜重开，依旧前台花发，清夜钟闻，东涧水流，南山云起；胜境数西湖第一，林泉称极美，试看驼岘风高，鹫峰石峙，龙泓月印，猿洞苔斑（旧联 沙孟海补书）""古迹重湖山，历数名贤，最难忘白傅留

---

［1］王鹤鸣，王澄，梁红：《中国寺庙通论》，上海古籍出版社，2016年，第385页。

［2］郑立于：《郑立于文集·西湖楹联》第6卷，浙江工商大学出版社，2016年，第195页。

大雄宝殿近景

大雄宝殿中景

大雄宝殿远景

诗、苏公判牍;胜缘结香火,来游初地,莫虚负荷花十里、桂子三秋(江庸撰 吴敬生书)"[1]。

　　灵隐寺的繁荣发展离不开历代帝王名士的推崇,他们利用自己的政治、文化影响力,赋予了灵隐寺权威和声望。比如康熙5次、乾隆6次驾临灵隐寺,留下了丰富的诗文故事,均提升了灵隐寺的社会地位。《杭州佛教史》中就记载了灵隐寺由康熙帝命名"云林禅寺"的故事:"清圣祖至杭州时,一日幸灵隐寺。寺僧乞书寺额,以彰殊宠。圣祖欣然濡翰。方书就'灵'字之上截'雨'字,意中微嫌笔势稍纵,虑下截或不相称。正踌躇间,高江村(士

[1] 郑立于:《郑立于文集·西湖楹联》第6卷,浙江工商大学出版社,2016年,第196页。

天涯海国

仰之弥高

奇）学士在侧，乃书云林二字在手中，故作磨墨状，以手向御案而立。圣祖瞥见之，大悦，即如其所拟书之。故灵隐寺又称云林寺。"[1]乾隆则为灵隐寺题诗四十首，有《云林寺》《飞来峰歌》《冷泉亭》等，《续修云林寺志》载乾隆还赐题"鹫岭龙宫""涌翠披云"匾额各一方。很多名士也都曾到过灵隐寺，并有诗文留存，如宋之问、张祜、贾岛、苏轼、王十朋、徐渭等，以及当地名士黄省曾、李流芳、高攀龙、虞淳熙、黄汝亨等。这些诗文内容丰富，形式多样，涉及灵隐寺所在的自然地理、拜访高僧、朋友交

[1] 冷晓：《杭州佛教史》（下），百通出版社，2001年，第25页。

慈航普渡

妙庄严域

往、遣怀抒意等多种事象，注重作者意境、心境、情感的表达。自唐代以来，吟咏灵隐寺的诗文日渐增多，说明灵隐寺的影响力和知名度得到极大彰显。如唐代张祜《题杭州灵隐寺》："峰峦开一掌，朱槛几环延。佛地花分界，僧房竹引泉。五更楼下月，十里郭中烟。后塔耸亭后，前山横阁前。溪沙涵水静，涧石点苔鲜。好是呼猿久，西岩深响连。"白居易《题灵隐寺红辛夷花戏酬光上人》："紫粉笔含尖火焰，红胭脂染小莲花。芳情香思知多少，恼得山僧悔出家。"到了宋代，吟咏灵隐寺的诗文至少百首，仅苏轼就有近20首。苏轼《腊日游孤山访惠勤惠思二僧》：

大雄宝殿

天欲雪，云满湖，楼台明灭山有无。

水清出石鱼可数，林深无人鸟相呼。

腊日不归对妻孥，名寻道人实自娱。

道人之居在何许，宝云山前路盘纡。

孤山孤绝谁肯庐，道人有道山不孤。

纸窗竹屋深自暖，拥褐坐睡依团蒲。

天寒路远愁仆夫，整驾催归及未晡。

出山回望云木合，但见野鹘盘浮图。

兹游淡薄欢有余，到家恍如梦遽遽。

作诗火急追亡逋，清景一失后难摹。

当地名士虞淳熙是浙江钱塘人，曾任明代兵部职方主事、礼部员外郎等职，其诗文写仙述佛者颇多，如为灵隐寺所写的《赠僧住灵隐》：

象工来石室，宝迹系金绳。

鹿苑弘泉唐施济为汲引圣湖

鹫峰从天竺飞来乃生成佛地

古迹重湖山历载名贤最难忘白傅留诗苏公判牍

胜缘结香火来逊初地莫虚贡荷花十里桂子三秋

灵隐寺楹联

六度初行忍，三皈始见僧。

松云空宿障，鹫日望朝升。

桂子秋风里，披衣拜骆丞。

不管是拜佛还是游历，帝王士子皆为灵隐寺所吸引，以其政治权力或笔墨文章推动了灵隐寺文化的发展。

跟杭州腊日相关的诗词还有南宋著名政治家、诗人王十朋的《腊日与守约同舍赏梅西湖》，既指出了节日时间，又抒发了游西湖的心境，其诗曰：

西湖处士安在哉，湖山如旧梅花开。

见花如见处士面，神清骨冷无纤埃。

不将时节较早晚，风味自是花中魁。

暗香和月入佳句，压尽今古无诗才。

武林深处境益胜，十里眼界多琼瑰。

北枝贪睡南枝醒，杖履得得挽出来。

旅中兹游殊不恶，况有佳友衔清杯。

手折林间一枝雪，头上带得新春回。

嘉庆十四年（1809 年），浙江巡抚阮元，决定在灵隐寺大悲阁之后建立图书馆，名"灵隐书藏"，使灵隐寺超越了佛寺的单一功能，而具有了公共图书馆的属性，也提升了灵隐寺的文化内涵和社会影响力。

灵隐寺藏经楼

  灵隐寺的僧人则是灵隐佛教文化的继承者、践行者和传播者。在平时的宗教生活中，僧人严守宗教教律，静心修行。在重要的宗教活动中，则体现出寺庙和世俗社会的联系。如寺院香火最旺盛的几个节日除夕、春节、二月十五涅槃节、二月十九观音菩萨诞辰日、四月八日浴佛节、七月十五盂兰节、十二月初八腊八节等，在民间社会都影响深远。每到节日，灵隐寺不仅香客云集，

云林图书馆

灵隐寺济公殿壁画

商贸活动亦极盛，娱乐活动更加丰富。

《东京梦华录》记载："四月八日佛生日，十大禅院各有浴佛斋会，煎香药糖水相遗，名曰浴佛水。"此日，灵隐寺以浴佛、斋会、结缘、放生和求子等为主要内容。既有庄严的佛教仪轨，又有世俗追求。十二月初八是释迦牟尼的成道日，所以这一天称佛成道节，在民间则更多称腊八节，灵隐寺要举行盛大的诵经仪式，熬制并施放腊八粥。在重要的节日里，杭州本地甚至外地信众参与者极多，不管是基于信佛崇佛的虔诚，还是旅游娱乐，无不体现出活动的巨大影响力。这些节日的开展也反映出佛教文化和世俗社会、民众生活的紧密联系，是佛教中国化的重要表现形式。

事实上，灵隐寺绝非仅具有宗教功能，而是连接宗教界和世俗社会的纽带和载体。正如光泉法师所言："灵隐寺既是宗教活动场所，也是旅游胜地，又是杭州对外友好交往的窗口"[1]，灵隐寺的云林图书馆，藏书达 2 万余册，为僧众查找资料、进行学术研究提供了有利条件，同时也提升了灵隐寺的文化属性。

[贰] 灵隐寺腊八节活动的产生与发展

腊八节的传承发展，离不开佛寺的参与和推动。从腊八节的历史传承和发展看，正是在民间大众和佛寺僧侣的共同支持下，

---

[1] 大菩文化:《福建南安市佛协参访团赴浙江参访顺利圆满》, https://www.pusa123.com/pusa/news/fo/105646.shtml。

腊八节才得以延续并发挥出巨大的社会影响力，成为全社会不同阶层共同认同的节俗。

浙江大学民俗学教授吕洪年认为："腊八粥在杭州落地生根，主要归功于灵隐寺，灵隐寺大概早在唐朝时就出产一种叫'桂花鲜栗羹'的点心，后来发展成了由多种原料熬制的腊八粥。灵隐寺的僧人们每到腊月，就拿出多余的豆子、米面，熬制成粥，赠给施主以表感恩之心，并帮助穷人度过寒冬。"[1]灵隐寺是杭州地区最早的名刹，北宋时，有人品评江南诸寺，气象恢宏的灵隐寺被列为禅院五山之首。早期灵隐寺的腊八节活动，现有文献语焉不详。但考虑到腊八节是纪念佛成道的重要节庆，作为"五山之首"的灵隐寺自不会怠慢。所以灵隐寺建寺后即应有腊八节习俗传承，只不过当时可能只局限于寺院内部。到宋代，腊八节已经成为佛寺和民间共同参与的民俗节庆。宋代《武林旧事》《梦粱录》等文献记载的佛寺腊八节活动已比较清楚，虽然并未直言灵隐寺。地方志书中也多见记载杭州本地的腊八习俗，如康熙《钱塘县志》卷七："冬至后三戌为腊（注：夏曰嘉平，殷曰清祀，周曰大蜡，秦曰腊）。腊八日以腊月八日为名也。各以榛、栗诸果和米作粥，谓之腊八粥（注：近多僧道馈遗，谓可辟邪、祛寒、却疾）。"可见腊八节煮食、馈赠

---

[1]《杭州变"杭粥"回溯杭城的"腊八"历史》，https://zj.qq.com/a/20180110/010597.htm。

腊八粥在杭州已经具有了坚实的群众基础和民俗内涵，融入了"辟邪、祛寒、却疾"的理想诉求。乾隆《杭州府志》卷五十二："腊月八日，寺院及人家用胡桃、松子、乳蕈、柿、栗之类作粥，谓之'腊八粥'"。这说明寺院和寻常百姓共同过腊八节已经成为常态。《杭州市志》（2000年）中记载的现代杭城腊八习俗，则完全是今天我们大家每年所品尝到的灵隐腊八粥了，"十二月初八谓腊八日，亦称'腊八节'。腊八节，又是佛祖的成道节。为了纪念，中国寺院于每年腊月初八日熬制'腊八粥'供佛，并馈赠前来进香礼佛的信徒。后杭人于此日也以胡桃、松子、莲子、枣儿、花生、桂圆、荔枝等煮粥，送给亲友，名曰'七宝五味粥'"。

从非遗保护角度看，腊八节习俗集宗教文化和世俗文化于一体，历史悠久，内涵丰富，千百年来世代传承。近代以来，在灵隐寺和相关社区推动下，杭州地区的腊八节习俗和文化得以复兴，形成了僧俗并举的良好氛围，社会影响力日渐扩大。灵隐寺腊八节习俗的传承离不开寺院方丈、法师的推动和践行，从现有可知的腊八节传承谱系看，灵隐寺的第一代传承人是大悲法师（1891—1971年），湖北安陆人，俗姓邓。他是腊八节习俗在寺院传承发展的积极推动者，精研佛法，注重慈悲精神，将腊八节煮粥、供佛等活动保留下来，奠定了灵隐寺腊八习俗活动的基础。第二代是性空法师（1904—1988年），湖北武汉人，俗姓陶，名春山。

他继承了大悲法师成为灵隐寺腊八节习俗的主要推动者，传统的腊八节仪轨、腊八粥煮制技艺比以前有所发展。第三代是木鱼法师（1913—2006年），浙江平阳南田石柱村人，俗姓毛，名延权。作为性空法师的继任者，在灵隐寺积极推动腊八节习俗的传承，完善了腊八节期间的佛教仪轨，关注腊八节的佛法内涵和其与民间社会的联系，腊八节的煮粥、施粥等活动获得较大推进。第四代光泉法师（1961—　　），浙江杭州人，是当代灵隐寺腊八节习俗活动传承发展的核心人物，自入驻灵隐寺以来就大力推动腊八节活动。从灵隐寺腊八节的供佛祈福、讲经、煮粥、施粥等核心活动，到建设"浙江灵隐非物质文化遗产研究保护中心"、建设腊八节习俗展示馆、开展学术活动、宣传推广等事务，光泉法师莫不积极参与，掌握该项目的详细流程和关键知识。在光泉法师的影响下，灵隐寺寺内形成了良好的传承腊八节习俗的氛围，诸多弟子成为传承人群，并且以腊八粥的煮制和施粥为媒介，将寺院和社区、志愿者、普通民众连接起来，形成僧俗协同、共同传承保护腊八节习俗的良好局面。尤其是1978年灵隐寺重新开放后，以性空方丈为代表的灵隐寺僧人积极推动腊八节活动，又经木鱼法师、光泉法师的拓展完善，腊八节习俗活动的规模和影响逐年扩大。至2008年，施送腊八粥的数量由每年几千几万份逐步增加到三四十万份，居全国之首。而且坚持公益派送，市民、义工广泛

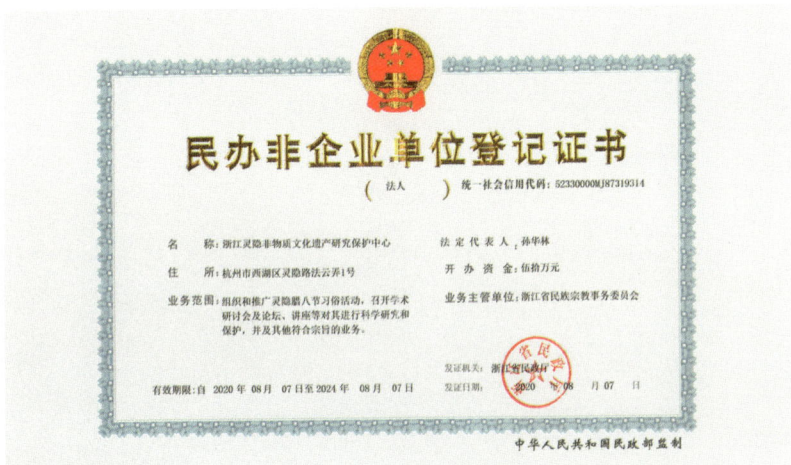

浙江灵隐非物质文化遗产保护中心

参与。施粥点包括了寺院、学校、福利院、养老院等。2009 年，灵隐寺推出了腊八节免票制度。2015 年，光泉法师向杭州市人大建议将腊八节习俗作为非物质文化遗产进行妥善保护，得到了相关部门的高度重视。2016 年，灵隐腊八节习俗入选第五批浙江省非物质文化遗产代表性项目名录。2018 年，灵隐寺在卖鱼桥小学、求实星洲小学成立两处腊八文化传承基地。近年来，灵隐寺积极邀请刘魁立、陈勤建、陈华文等民俗专家指导腊八节习俗的保护工作，成立了专门的保护研究中心，有了专门的展示场所，规范了腊八粥的制作技艺，加强了跟媒体的互动，保护工作顺利开展，社会影响迅速扩大。2021 年，腊八节习俗进入第五批国家级非物质文化遗产代表性项目名录，迎来了发展的新机遇、新起点。

三、腊八节习俗的内容与特征

腊八节是民众在春节前夕感恩祖灵、沟通乡里、集体娱乐的节点。腊八粥作为腊八节重要的节令标志，已经深入僧俗群体之中，广泛影响到社会的每一个角落。

三、腊八节习俗的内容与特征

历史上的腊八节经过不断的演化发展，已经具有了世俗文化和宗教文化兼容的节日属性。腊八节既是佛寺僧众纪念佛成道日的时间，也是民众在春节前夕感恩祖先、沟通乡里、集体娱乐的节点。腊八粥作为腊八节重要的节令标志，已经深入僧俗群体之中，影响到社会的每一个角落。

在非遗保护视域下，杭州地区的腊八节习俗及其传承价值得到广大民众的集体认同，腊八节成为杭州地区民众在春节前最为关注的节日。杭州的腊八节以僧俗共举为组织特征，灵隐寺是腊八节习俗代表性的空间纽带，也是该非遗项目的主要保护单位，承担了更多的保护责任和义务。在腊八节习俗中，既有虔诚庄严的佛教仪轨，又有普通信众的积极参与，灵隐寺的腊八粥还形成了独特的制作工艺，并通过施粥民众弘扬了仁爱精神，为冬日里增添了暖色，展现出丰富的节日内涵。

[壹] 腊八粥的制作

关于腊八粥的渊源和发展，前文已有所述。腊八粥的煮制和馈赠毫无疑问是整个腊八节期间最有代表性的节日活动。各地煮

灵隐寺的银杏树

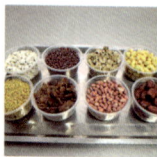

制材料、工艺虽有差别，但是这一节日食品必不可少。灵隐寺作为江南佛寺的代表，向来有腊八节煮粥供佛的传统，但活动规模在历史上也受到佛教兴衰的影响。民国以来由于社会动荡，政局不稳，佛寺衰微，腊八活动规模很小以至难以为继。灵隐寺煮食腊八粥传统的恢复始于 1978 年，这也是现代意义上灵隐寺腊八粥的源头。当时因条件有限，腊八粥的食材很少，只有白果、花生、红豆几种，白果是寺院里的树上结的，连枣都没有。当时熬的腊八粥仅限供佛之用。后来，灵隐寺重建药师殿，寺院送腊八粥给施工人员，余下的分给了居士。自此，灵隐寺的施粥活动一直延续，规模逐渐扩大，成为灵隐寺春节前最重要的活动之一。据统计，2008 年，灵隐寺施粥 8000 份；2009 年，20 万份；2010 年，36 万份；2011 年，30 万份；2012 年，40 万份；从 2013 年开始，每年固定 30 万份。这个数字，稳居全国首位。[1]

灵隐寺腊八粥的材料、工艺要求极其严格，灵隐寺熬制的腊八粥选用了红豆、莲子、桂圆、芸豆、白果、花生、糯米等十几种食材，每一种材料务求高质量，每一个工艺环节都容不得瑕疵。正是基于严格的煮制标准，保证了灵隐寺腊八粥的品质，塑造了品牌影响力，也赢得了社会声誉。据灵隐寺圣闻法师所说，灵隐

---

[1] 杭州网：《走在申遗路上的腊八粥》，http://hznews.hangzhou.com.cn/chengshi/content/2018-01/19/content_6777365_2.htm。

灵隐寺采购的食材

寺从腊月初一凌晨开始煮粥，到腊月初八中午结束。6 口蒸汽大锅，24 小时不间断地煮粥，每天可生产 4 万多份腊八粥。为了保证灵隐腊八粥的质量，寺院不打算再扩大生产规模。

腊月初一清晨，杭州灵隐寺斋堂要举行腊八粥开煮洒净仪式。洒净仪式是腊八粥开煮前确保食堂清洁的一道程序。第一锅腊八粥出锅时，第一碗腊八粥首先供佛。诸法师按照佛教仪轨，分班在各个殿宇佛堂行四圣供，用腊八粥和时鲜果蔬供养诸佛菩萨。[1]以腊八粥供佛符合佛教教义，也是感恩精神的一种表达。从腊月

[1] 杭州网：《灵隐寺腊八粥开煮 今年施粥 30 余万份》，http://ori.hangzhou.com.cn/ornews/content/2018-01/17/content_6775876.htm。

腊八粥礼佛

初一到腊月初八，灵隐寺将为杭州和周边城市的民众发放免费的腊八粥，施粥活动有大量的义工和单位参与其中，发放对象有街道社区、医院、养老院、福利院、民工子弟学校等，以彰显仁爱精神，弘扬社会主义核心价值观。

1. 腊八粥食材的采集加工

腊八节前一个月，灵隐寺就开始采购腊八粥的食材，精选上好的红枣、花生、白果、赤豆、桂圆、芸豆、糯米、粳米等材料。材料选购后，需要大量义工进行拣选加工，务求每一种材料都是优中选优。在材料入寺前，灵隐寺会做好场地清理，制作现场要消毒，工作人员需持证出入，保证食材加工环节安全卫生。同时，寺院举行洒净仪式，法师诵经加持，供监斋菩萨，每一个环节都不得马虎。原材料进寺后，需分类存放，保持通风干燥。然后众义工开始拣选材料，每一种材料的拣选需30位义工分两班参与，皆为手工逐粒筛选，拣选标准严格。好的食材是保证腊八粥品质的前提条件，经过多年的实践，关于腊八粥食材的拣选规范和标准逐渐得以确立。

各类食材的处理标准如下：

红枣：小红枣最佳，手工逐粒筛选。

桂圆：本色带壳桂圆，手工逐粒筛选，去壳。桂圆肉晾干，去一半水分。

蜜枣：中等大小最好，大的硬而不甜，手工逐粒筛选。

花生：红皮小花生为佳，手工逐粒筛选。

莲子：手工逐粒筛选，需带心。莲子3小时泡发，每小时换水一次。

白果：新鲜带壳白果，手

红枣

桂圆肉

蜜枣

花生

莲子

白果

赤豆

芸豆

粳米

工逐粒筛选，去壳，果肉不能敲破。白果仁走油锅一次，冰箱 1℃冷藏保存。

糯米：需颗粒饱满，颜色白皙。晾晒、过筛杂质。

赤豆：颗粒饱满、质坚，色大红微有光泽者佳，手工逐粒筛选。

芸豆：颜色发亮、颗粒饱满者最好，手工逐粒筛选。

粳米：需颗粒饱满，富有光泽。晾晒、过筛杂质。

白砂糖：称重分份，压实装密封袋。

灵隐寺每年制作腊八粥的食材数量庞大，仅靠寺院僧人无法完成食材的处理工作，主要还是依靠来自民间的大量义工。仅从食材处理看，从敲白果到挑选花生、大枣等食材，每天50到100人的义工轮番参与，准备工作持续时间近一个月。据灵隐寺的义工讲，30万份腊八粥，光是原材料就得用掉2.5万多公斤。糯米6000公斤；赤豆5000公斤；白果800公斤；莲子1250公斤；芸豆1500公斤；粳米1500公斤；花生4250公斤；桂圆1500公斤；蜜枣3000公斤；红枣1750公斤。如此规模的材料，可知义工们的辛苦。

食材处理现场

义工拣选食材

义工处理白果

但出于对腊八节日习俗和佛祖仁爱精神的认同，每一位义工都毫无怨言，很多义工每年都会来参与腊八活动。所有的原材料经过义工们细致的挑选，品质上得到保障，务求无杂质、无变质食料，以符合烹饪标准。食品安全无小事，对各种原料都会严格进行把关，保存好凭证，以备卫生部门检查。拣选的食材需淘洗晾干，按份分类备用。

延伸阅读：古诗词中的腊八粥

腊八粥

清·李福

腊月八日粥，传自梵王国。七宝美调和，五味香糁入。

用以供伊蒲，借之作功德。僧民多好事，踵事增华饰。

此风未汰除，歉岁尚沿袭。今晨或馈遗，啜之不能食。

吾家住城南，饥民两寺集。男女叫号喧，老少街衢塞。

失足命须臾，当风肤迸裂。怯者蒙面走，一路吞声泣。

问尔泣何为，答言我无得。此景望见之，令我心凄恻。

荒政十有二，蠲赈最下策。悭囊未易破，胥吏弊何极。

所以经费艰，安能按户给。吾佛好施舍，君子贵周急。

愿言借粟多，苍生免菜色。此志虚莫偿，嗟叹复何益。

安得布地金，凭仗大慈力。眷焉对是粥，跂望丞民粒。

2.腊八粥的煮制与保存

腊八粥作为腊八节最重要的节物，全国各地都有制作，但在食材选择和工艺方面体现出一定的差异性。灵隐寺腊八粥的煮制工艺已经过多年实践的检验，并不断沉淀经验、提升质量，在核心技艺、安全标准等方面皆有保障。腊八粥是供佛的圣物，也是入口的美食，安全、卫生毫无疑问是第一位的。灵隐寺腊八粥煮制时，制作场地老斋堂各个大门都保持关闭，安排义工负责值守，指定人员才能进入，其余人一概禁止进入。相关工作人员均安排体检，办理健康证，体检合格者要求每天上班检查健康问题，并对个人卫生进行检查。整个煮制环节已经形成了严格的规范，累计 11 道工序，并邀请卫生部门对整个制作过程的卫生进行检查与

加工好的食材

食材搬运

食材称重

食材下锅

监督。煮制时的食材配比一般为：红枣 1、桂圆 1、蜜枣 1、花生 1、莲子 1、白果 1、糯米 3、赤豆 2、芸豆 2、粳米 5、白砂糖 2。烧制一锅粥大约需要 2.5 个小时，水大开七八分钟之后换小火，否则水会减少，食材都存底，米涨不开，没有黏性。

由于煮制腊八粥的各种食材具有不同的物理特性，需要控制下锅时间和煮制火候，不能同时下锅，否则容易出现糊锅、食材软硬不一等影响口感的情况。根据灵隐寺多年的摸索和经验，腊八粥各种食材的时间控制为：

（1）水烧开下芸豆。

（2）15 分钟后下赤豆。

食材下锅

（3）15 分钟后下花生。

（4）15 分钟后下莲子。

（5）30 分钟后下糯米、粳米。

（6）20 分钟后下红枣。

（7）15 分钟后下桂圆。

（8）15 分钟后下蜜枣。

（9）15 分钟后下白果。

（10）出锅前 10 分钟放入白砂糖。

（11）起锅前关火静置 10 分钟。

在火候控制上，每下一种新料，

食材下锅

熬制

搅拌

搅拌

需大火煮制 5 分钟，开锅后不间断搅拌，然后文火煮 10 分钟。

腊八粥煮好后是起锅环节，包含四道工序：

一是容器烘干，把食用不锈钢桶洗净晾干，不得带水分。

二是包装，腊八粥逐份装碗，离地存放。灵隐寺最早施粥使用的是塑料碗或者信众自带盛具。自 2018 年始，灵隐寺全部采用更加健康的铝箔碗包装，虽然增加了成本，拉长了冷却时间，但是保证了健康。

三是冷却，盛出的腊八粥需自然冷却，一般凉透时间白天是 5 小时，晚上 2 个多小时。判断是否凉透也有检测方法，那就是盖上盖子之后 20 分钟如有蒸汽水珠，说明没有凉透。需对腊八粥包

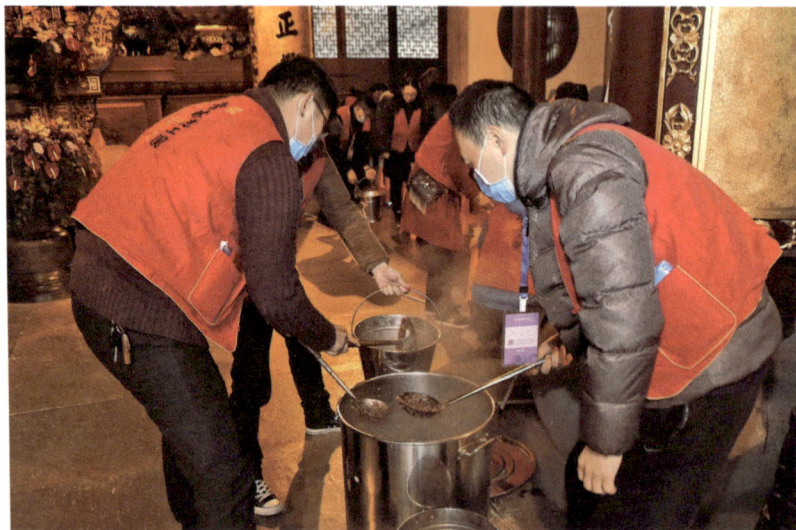

盛粥

装碗

冷却

封盖

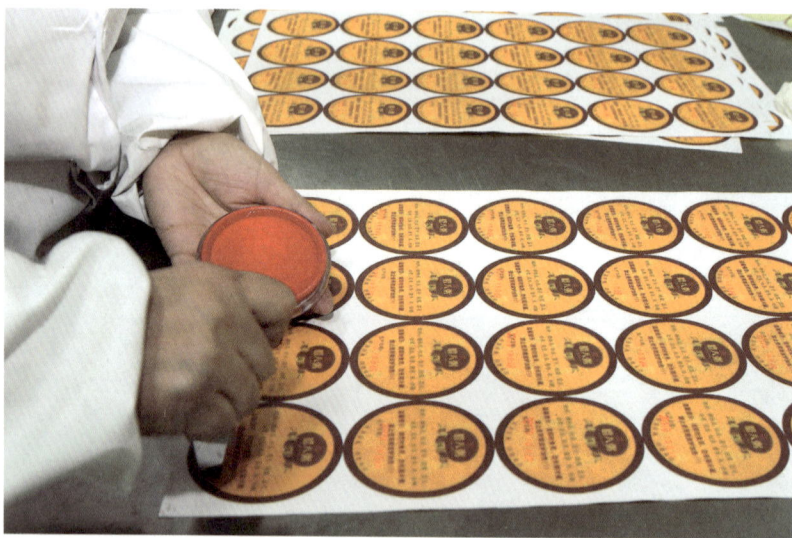

检验

存储

装盒进行试装检查，如发现问题及时反馈给库房。

四是盖盒盖，包装盒 45 度角倾斜，粥不滑落证明已经凉透了，可以盖盒盖。

包装好的腊八粥每天分两次留样，冰箱保存，记录时间，包装盒上注明冷藏。并附有温馨提示：灵隐寺腊八粥不含任何食品添加剂、防腐剂，所以应低温保存，并尽快食用。包装期间需要的义工也不少，每天有 50 到 100 人。

延伸阅读：灵隐寺腊八粥安全标准和煮制秘诀

安全标准

1. 建立专项台账，记录食材从进场到使用，到腊八粥发放去向、时间等。

2. 专人负责台账记录，专人负责原材料领取。

3. 所有参与人员都持健康证上岗，严格执行国家食品卫生安全标准。

4. 参与加工人员分班次 24 小时不间断煮制。

5. 质检员分班监督操作规范。

6. 保证食品冷却时间及装箱后离地存放。

7. 分批次标注监测存档。

8. 当日煮制，当日发放，确保食品新鲜。

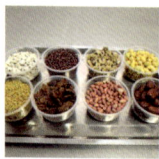

3. 灵隐腊八粥的特色

灵隐寺的腊八粥煮制及施粥活动，是杭州地区腊八节期间最重要的事项之一。灵隐寺的腊八粥因从材料拣选到煮制流程都有严格、规范的标准，故品质极为优良，也是健康养生的美食。而且，腊八粥承载着寺院僧侣对佛祖成道的感念，亦通过施粥活动展现出佛的慈悲精神。广大的义工群体，以及接受腊八粥的民众，彼此之间产生互动，传递着爱与和谐，营造出冬日热闹的节日气氛，凸显了人伦情义，弘扬了积极价值观。因此，灵隐寺腊八粥的特色主要体现在两个层面，一是腊八粥自身的制作工艺和养生品质；二是腊八粥体现出的文化意义和价值。

从腊八粥的制作工艺和养生品质看，首先是制作工艺的考究和成熟。腊八节前 1 个月购置相关食材，并组织 200 名以上义工按标准分拣食材，经 11 道工序制作而成。每一道工序都精益求精，并贯彻安全第一的理念。因此，成品的腊八粥口感极佳，品相精美。灵隐寺腊八粥的食材中，有白果、花生、莲子、赤豆、桂圆、红枣、粳米、糯米等十余种，既有谷类杂粮，又有坚果、豆类，营养丰富，暖胃养生。腊八时节天气转寒，人的体质也变得较弱，需要温补的食物。而在寒冷的腊八节，一碗热腾腾的腊八粥，无疑是绝佳的进补美食。清代营养学家曹燕山撰《粥谱》极力推崇腊八粥的健康养生功能，认为是食疗佳品，有"和胃、补脾、养心、清肺、益肾、利肝、消渴、明目、通便、安神的作用。"[1]现代医学、营养学也证实了腊八粥的养生功能，突出地表现在腊八粥所选择的食材上。比如粳米，含蛋白质、脂肪、碳水化合物、钙、磷、铁等成分，具有补中益气、养脾胃、和五脏，除烦止渴，益精等作用；糯米具有温脾益气的作用，适于脾胃功能低下者食用，对于虚寒泻痢、虚烦口渴、小便不利等有一定的辅助治疗作用。豆类是腊八粥的配料。赤豆含蛋白质、脂肪、碳水化合物、粗纤维、钙、磷、铁、胡萝卜素、硫胺素、核黄素、尼克酸等，营养十分丰富，具有降低血中胆固醇、预防心血管病、抑制多种恶性肿瘤、预防骨质疏松等多种保健功能。花生有"长生果"之美称，具有润肺、和胃、止咳、利尿、下乳等多种功能。大枣也是益气补血、健脾开胃的佳品，对脾胃虚弱、血虚萎黄和肺虚咳嗽等症有一定疗效。[2]可见，腊八粥中的诸多食材都具有健康养生的功效，因此其无论在寺院还是民间都极受欢迎。

从腊八粥的文化意义上看，杭州灵隐寺的腊八粥是对自宋以来腊八节文化的传承。佛寺是传统腊八节的重要传承空间，按佛教惯例，出锅的第一碗粥总是先供奉佛祖，以纪念佛修行的不易。

---

[1] 孙婧:《民俗风情》，吉林教育出版社，2013年，第94页。

[2] 胡波，胡全:《循环与守望：中国传统节日文化诠释与解读》，广东人民出版社，2015年，第204页。

除供佛外，灵隐寺每年有 30 万份腊八粥在社会上发放，将温暖送给广大民众。施粥活动是佛家传统，也是佛家慈悲、仁爱精神的体现。通过施粥活动激活了整个社会，串联起寺院、社区、企业、机关等不同群体，寺院僧众、志愿者、普通百姓都参与其中，有各大媒体宣传，也扩大了灵隐寺的影响力。在民间，腊八粥亦是馈赠之物，具有联系亲谊、寄托情感、烘托氛围的作用。《燕京岁时记》记述："每至腊七日，则剥果涤器，终夜经营，至天明时则粥熟矣。除祀先供佛外，分馈亲友，不得过午。并用红枣、桃仁等制成狮子、小儿等类，以见巧思。"从文献可见，因纪念佛成道而衍生的腊八粥，在民间具有了更多的娱乐性和艺术性，体现出民间智慧和对美好生活的向往。此外，腊八粥所用食材中很多除了具有生物学属性外，还具有文化上的寓意。如桂圆寓意富贵、团圆；红枣、花生、莲子具有多子多福的寓意；赤豆具有辟邪祈福的寓意。赤豆辟邪在古文献中多有记载，如《荆楚岁时记》引《练化篇》云："正月旦，吞鸡子、赤豆七枚，辟瘟气。"《广群芳谱》引《田家五行》："十二月二十五日，夜煮赤豆粥，大小人口皆食之，在外之人亦留分，以俟其归，谓之口数粥，亦驱瘟鬼之意。"这说明古代视赤豆为辟邪驱瘟的神物。总之，腊八粥杂聚各种谷物杂粮，除用于纪念佛陀成道，还具有吉祥、和谐、健康、圆满、感恩等多重内涵。在民间社会，腊八节及腊八粥对广大民众还具有道德教化作用，扶贫济困成为重要价值导向，趋利避害、求吉纳祥成为普遍的文化心理，也是人们联络感情、表达祝愿、增进情谊的重要媒介。

灵隐寺腊八粥的传承，既是传统饮食制作工艺的传承，也是腊八文化的传承。腊八粥超出了单一养生食品的角色，而是连接了宗教文化与世俗文化，具有强大的渗透力和深远的影响力。

[贰] 腊八节的礼俗活动

灵隐腊八节属于中国传统腊八节节日体系的组成部分，既具有普遍的节俗内涵，又具有其地方和寺院特色。腊八节的高潮是腊月初八，但其实相关活动远早于此。比如腊八粥食材的采集、义工的组织、施粥点的联络、相关活动的策划等都需要提前筹备。灵隐腊八节习俗集佛教文化、世俗文化、饮食文化于一体，反映了僧俗群体乐善好施、感恩社会、健康饮食的积极精神，包括腊八粥制作、祈福、讲经、传供、施粥及相关诗文传说等多元内容。腊八粥的制作是腊八节习俗的重要内容，前面已做说明。其他重要活动还有供佛祈福、方丈讲经、千佛传供、施粥民众等丰富内容。[1]

---

[1] 参见《灵隐寺腊八节习俗：不止熬腊八粥这么简单》，http://zj.qq.com/a/20161207/034292.htm。

1. 供佛祈福

如前文所述，腊八节发展过程中与本土化佛教相融合，腊月初八，是佛祖释迦牟尼成道之日，这是佛教的盛大节日。每年腊八节，各地寺院都会以自家寺院熬制的腊八粥供佛庆诞并施予僧俗民众。明代陈耀文所撰《天中记》中记载宋时东京（今河南开封）腊八日，都城诸大寺送七宝五味粥。腊八粥又有七宝粥、五味粥、佛粥等名。民间至此日先剥果仁，以糯米、大米、小米、黄米、芸豆、小豆、菱角、栗子、枣子等凑成八种，天明前熬煮成粥，以粥祀先、供佛、分馈亲友。有的地方，以染红之桃仁、杏仁、瓜子、花生、榛子、松子、葡萄干点缀粥面；也有的用红枣、桃仁等制成狮子、小儿等像，以显奇巧。康熙《松江府志》则记载："初八日，各寺庙设豆糜，杂置菱、枣、栗子之类，谓之腊八粥。"崇彝编录的《道咸以来朝野杂记》也记载："十二月初八日为浴佛日，各寺观煮粥供佛。"北京雍和宫每年腊八节施粥祈福活动更是盛大热闹。可见，在腊八节的历史发展过程中，供佛祈福已经成为非常重要的节俗文化内涵。

清代仪润禅师的《〈百丈清规〉证义记》中记载：十二月初八日，为释迦牟尼佛成道日。客堂预日挂牌。是晚二板礼佛。正日祝圣、上堂说法，与佛诞日同。是日开午榜，佛前上供，众集烧香传炉，住持上香，维那举赞。住持三拜，不收具，长跪献茶、献菜等，皆侍者递送，知客置几。上举。三拜而立。至念《供养咒》，仍跪。维那出班上香，展具，三拜长跪。合掌作白（文略）。作白毕，一拜，起具复位，举赞，唱云："腊月八日，觉帝扬灵，菩提场内道初成。夜半睹明星，普救迷情，幽暗悉光明。"禅悦藏三称，毕。可以说这是一场严整庄重的腊八节祈福法会的仪轨了。

每年腊月初一至初八，灵隐寺僧人及义工取谷物及各类果实煮制腊八粥。届时寺中举行腊八粥出锅、盛粥、供送仪轨，将第一份出锅的腊八粥由僧人依次送至天王殿、大雄宝殿等殿宇之内，诚供在佛像的前面，为天下民众祈愿幸福安康，表达对佛祖的恩念之情。

2. 方丈讲经

佛教寺院每逢重大节日，都会举行盛会，方丈讲经是盛会的重要环节。通常来说，讲经内容会与节日的主题有关，也会讲其他佛教经典。宋代丹霞子淳禅师腊八上堂有"屈指欣逢腊月八，释迦成道是斯辰。二千年后追先师，重把香汤浴佛身"的话（《丹霞子淳禅师语录》）。而清代《朝宗忍禅师语录》载朝宗忍禅师曾于腊八上堂讲经，"今朝正是腊月八，释迦老子眼睛瞎。白日青天被鬼迷，夜对明星将眼刮。自家盲昧已堪怜，引得群盲泥土撒。一年一度闹哄哄，尽未来际难合煞。只为当年遗祸根，后来漆桶枝边揾。山僧忍俊不自禁，谨对人天大众前。以拂子掷下云，今

为汝等连根拔。且道：拔断后，有何消息。合掌云：我不敢轻于汝等，汝等皆当作佛。喝一喝。卓拄杖下座。"

腊八日，灵隐寺会举行一场由方丈主讲的大型讲经法会，先通过讲经的形式讲述腊八节的来历和意义，继而讲自己擅长的经典。讲经场所在大雄宝殿广场，整个过程按照佛教仪轨规定，先由信众、僧人前往方丈室，礼拜方丈，以表听经闻法之心，并诚请方丈慈悲为大众讲经。然后，方丈应允，随众来到讲经会场，登台讲经。

3. 千佛传供

传供，即众僧供佛，具体内涵大致有以下两种解释：

第一，（仪式）于佛坛传送供物之仪式也。原为禁中大法会所行之仪式，后禅门亦有此式。《大鉴清规·佛诞生》曰："住持至，烧香一炷，大展三拜，不收坐具，侍者一班，进卓排立传供。"《敕修清规·圣节》曰："住持上茶汤，上首知事递上。"[1]

第二，又作奠供、供递、递供。即捧执供物，由数人递次传送至祖师像前，一般称"递上"或"供递"。系于大法会时所行。[2]

简而言之，传供就是捧执供物，由数人递次送至佛或祖师像

---

[1] 丁福保编纂：《佛学大辞典》，文物出版社，1984年，第1193页。
[2] 慈怡主编：《佛光大辞典》第6册，书目文献出版社，1989年，第5389页。

第一碗腊八粥上供法会

方丈礼佛

2015年祈福法会

2015年光泉方丈讲经

2013年讲经法会现场

2017年讲经法会现场

传供

传供

传供

前。这种法会形式一直延续到了现在，甚至被称为"以最高的礼仪供养"，在中国内地以为佛菩萨传供为主。

这一环节由灵隐寺光泉法师推动开展，腊八日当天，由一千多位僧人、信众排成两列队伍，逐一将腊八粥、花果等供品经一千多双手，由外向里，传递至大雄宝殿释迦牟尼佛前供台上，用以纪念佛祖成道，表达知恩感恩之情，并从中体悟蕴含在经手传递过程中的舍与得的关系。

灵隐寺腊八节传供法会大致流程为：香赞、数称南无本师释迦牟尼佛、三称南无灵山会上佛菩萨、天厨妙供等。

4. 施粥民众

清代秦荣光辑纂的《上海县竹枝词》中有词：

> 庵寺僧徒日打斋，粥分腊八按门排。
>
> 干菱炒栗兼兜凑[1]，更有庵尼送满街。

每年的腊月初八，佛教的各个寺院、居士林、佛教团体乃至信佛的人家，皆有舍粥善举。古往今来，腊八舍粥的传习，在佛门弟子和信众中蔚然成风。"佛音寥寥，豆香缠缠；喜鹊催夜，铜锅当风。"人们垒灶拾柴，铁镬熬粥，成了腊八时节的风俗景致。

舍粥的目的大约有三：一是能体现佛教徒和居士的慈悲情怀，通过舍粥、赈济的方式，给予贫寒饥民以人文关怀；二是使得一些欲求世间福报的人，成就福禄寿禧财等等果报的福德因缘；三是对于一些佛法的修持者来说，是体现和修证佛教中"慈悲喜舍"四无量心的一种方式方法和具体实践。

因此，每年一进冬月、时近腊月，一些善信人家、佛门信众，便开始筹备粥料，供养寺院，以备舍粥之需。到了初七夜晚，各个寺院、居士林、佛教团体乃至一些信佛的人家，便开始大锅熬粥，历通宵，至初八丑末寅初，天尚未亮，便在门前摆上案桌，公开舍粥。

而近些年，原本寺院舍粥的义举，已成为当地一种社会公益

---

[1] 以糯米煮熟、风干，入釜爆之，粒大倍前，名"兜凑"。

运送腊八粥

运送腊八粥

2015年腊八粥送进省农科院社区

活动。每年腊月初八一大清早，在社区、小区门口就有人支起施送腊八粥的帐篷，社区居民会前来取粥，并互道祝福。

更有风雅文士作诗记之：

腊月初八施佛粥，桂圆莲枣并五谷。

垒灶拾柴铁镬熬，寺院善举成乡俗。[1]

灵隐寺熬制的腊八粥，除了供佛和馈送居士信众之外，也要分享给普通民众。受灵隐寺腊八节习俗感召，每年此日清晨，上万民众纷至沓来，寺院一一给大家施送腊八粥。现改由僧人和义工一起把腊八粥送到养老院、福利院等慈善机构，民工子弟学校

[1] 杨越岷：《新编嘉善乡土风情诗365首》，上海文化出版社，2021年，第383页。

2015年杭州三墩镇施粥点

2015年杭州香樟社区施粥点

2015年杭州祥符街道施粥点

的学生、环卫工人等。目前，灵隐寺腊八节馈送腊八粥数量稳定在每年 30 万份，居全国之首。

从灵隐寺活动内容看，寺院内的腊八节习俗体现出较强的宗教特征，纪念佛祖成道是其基本内涵和诉求。因此会有洒净、供佛、讲经、传供等较庄严的佛事活动。但佛事活动并没有离开入世的大众，所有的环节都包含世俗的内容，也反映出佛教慈悲济世的担当。在不同的环节中，供佛含有为信众祈福的内涵，讲经是为号召大众诸恶莫作，众善奉行。参与传供者占数量最多的是信众。施粥更具有连接世俗的作用，以佛教慈悲、包容、感恩的精神浸润社会大众，用实际行动去践行佛的仁爱精神。

2017年杭州东林桥社区施粥点

2017年杭州马市街社区施粥点

2017年杭州武林街道施粥给老人

　　施粥是腊八节习俗中以佛寺为传承主体开展的主要活动，这一活动也是佛教世界和世俗社会相互连接、沟通的途径。灵隐寺是杭州地区最具代表性的寺院，腊八节施粥活动也开展的最早。早在2008年，灵隐寺熬制腊八粥并施粥达8000份，2009年施粥数量达到20万份，2012年达到顶峰，施粥40万份。此后，灵隐寺每年施粥的数量稳定在30万份左右。灵隐寺腊八节期间的施粥活动不限于寺院内，而是拓展了施粥的方式，大大提高了施粥的范围和效率，极力弘扬了节日内含的感恩、仁爱精神。以2019年为例，杭州灵隐寺通过网络、微信，征集到300多家慈善公益机构和爱心发放单位一起向杭州市民分发腊八粥。自1月6日到1

2017年杭州西湖区施粥给环卫工人

月13日，8天时间共发送腊八粥30多万份。施粥活动是灵隐寺的大事，需要大量人力、物力支撑，每年灵隐寺都要成立相应的协调小组负责。如2018年，灵隐寺监院智光法师、典座圣闻法师、司库定观法师、文宣组智忠法师、方丈办魏宏伟主任等通力合作，共同完成当年的发放工作，实现了零库存。媒体的参与则让灵隐寺的腊八节施粥活动广泛传播，每年都有数十家媒体给予报道，如中国新闻社、人民网、腾讯·大浙网、浙江电视台、杭州电视台等，助推了腊八文化的传播，扩大了影响力。2021年腊八节，因杭州新冠疫情防控需求，减少人员聚集，以灵隐寺为代表的杭州诸寺院均取消了大规模煮粥、施粥活动，但杭州多家商场、超

2017年送腊八粥给小学生

市以及部分社区依然有腊八粥现场免费派送。如杭州彭埠街道王家井社区就一直延续腊八节煮粥送粥的传统和习俗。

灵隐寺是千年名寺，历史上多得名士追慕、帝王临幸。腊八节也是传承久远的传统节日，在民间也衍生出一些故事传说，丰富了灵隐寺腊八节的内涵。康熙、乾隆皆为灵隐寺题诗留名，既留下了大量的文学作品，又衍生出诸多生动的故事，伴随着腊八节的传承而传播。《腊日游孤山访惠勤惠思二僧》《西湖桂花鲜栗羹》《阿二和尚腊八粥》等诗文传说，世代传唱，影响深远。

延伸阅读：灵隐寺诗词选录

题灵隐寺师一上人十韵

唐·张祜

八十空门子，深山土木骸。片衣闲自衲，单食老长斋。

道性终能遣，人情少不乖。槲枸居上院，薜荔俯层阶。

洗钵前临水，窥门外有柴。朗吟挥竹拂，高楫曳芒鞋。

迸笋斜穿坞，飞泉下喷崖。种花忻土润，拨石虑沙埋。

旧往师招隐，初临我咏怀。何当缘兴玩，更为表新牌。

游灵隐寺得来诗复用前韵

宋·苏轼

君不见，钱塘湖，钱王壮观今已无。

屋堆黄金斗量珠，运尽不劳折简呼。

四方宦游散其孥，宫阙留与闲人娱。

盛衰哀乐两须臾，何用多忧心郁纡。

溪山处处皆可庐，最爱灵隐飞来孤。

乔松百丈苍鬐须，扰扰下笑柳与蒲。

高堂会食罗千夫，撞钟击鼓喧朝晡。

凝香方丈眠氍毹，绝胜絮被缝海图。

清风时来惊睡余，遂超羲皇傲几蘧。

归时栖鸦正毕逋，孤烟落日不可摹。

　　其实，古代的腊八节习俗内容更加丰富，只不过在历史变迁
中逐渐淡化。比如汉代始腊八节除了祭祀外还有驱瘟疫的傩戏，
《后汉书·礼仪志》记载了这一仪式的全过程："先腊一日，大傩，
谓之逐疫。其仪，选中黄门子弟年十岁以上，十二以下，百二十
人为侲子，皆赤帻皂制，执大鼗。方相氏黄金四目，蒙熊皮，玄
衣朱裳，执戈扬盾。十二兽有衣毛角。"即方相氏率领十二兽跳
舞。唐宋时，傩仪又有发展，据《东京梦华录》载，方相氏、
十二兽消失，代之以门神、将军、判官、钟馗、六丁、六甲、符
使、神兵等。[1]腊八逐疫之俗在国内少数地区尚有遗存。腊八节
还有各种游戏和娱乐活动，比如雪戏、抓子、九连环、抖空竹等。
以及晒腊八豆腐、吃冰等地方习俗。像安徽黟县民间有腊八豆
腐的习俗，这种豆腐做法与众不同，豆腐点制后加一些配料抹以
盐水，放在太阳底下烤晒，制成后可存放三个月左右不变质、不
变味。

　　需要注意的是，杭州的腊八节习俗不仅仅局限于灵隐寺的传
承空间内，而是以整个杭州地区的节俗为内容，因此也包含民间
的腊八节活动。除了寺院施粥外，民间大众也会煮制腊八粥并相
互馈赠，表达对彼此美好的祝愿。但民间煮制腊八粥的食材种类
不统一，且没有灵隐寺的食材丰富，煮制方法也没有形成规范。

[1] 李焕有：《中国的传统节日》，安徽师范大学出版社，2012年，第193页。

不管怎样，民间大众的腊八节活动和寺院的腊八节活动同属于传统腊八文化的组成部分，也都是我们传承传播的重要内容。

[叁] 腊八节习俗的主要特征

腊八节是中华优秀传统文化的重要组成部分，其习俗的传承流变具有久远的历史和丰富的内涵。它一方面承接着过去的传统，承载着民族文化的珍贵记忆；另一方面又着眼当下和未来，不断满足僧俗的文化需求，融入社会主义精神文明建设之中。我们可以从历史继承性、文化丰富性、僧俗自发性、影响广泛性等几个方面来梳理杭州地区腊八节习俗的主要特征。

1. 历史传承性

几乎所有的民俗事象都会在历史进程中纵向流传和发展，在这个过程中其核心特质逐渐明晰，并被后人继承下来。当然，继承必然伴随着变化和增衍，以至于民俗事象的内涵越来越丰富。灵隐腊八节习俗源于先秦时代的腊日祭祀活动，在佛教传入之前并没有任何宗教内涵，仅仅是祭祀先祖和农业神的日子。汉以后，佛教传入，释迦牟尼佛成道日正是十二月初八，出于宗教传播、宗教信仰的多重需求，腊日逐渐和佛成道日融合，形成了具有祭祀、纪念、娱乐等多重内涵的腊八节习俗。

杭州地区佛寺众多，佛事活动频繁。建于东晋咸和元年（326年）的灵隐寺，历千余年风雨，成为江南禅宗名寺，对佛教规定

的各项重要活动极为重视，腊八日是佛祖成道日，腊八节的节俗活动皆以此为中心。腊八节期间，供佛、讲经、施粥等核心活动在灵隐寺也一直延续。宋代以后，腊八节的节日活动基本稳定，并在不断地与世俗社会的交流碰撞下，演化为宗教与世俗多元共生的节日习俗。杨景震先生讲过："节日风俗经过世世代代的流传，变成了一种固定的形式，在一个地区一个民族中，具有强大的制约能力，它可以使本族本地的人民共同遵守而不可逾越，它是不是法律的法律，它是无声的命令。"[1]灵隐寺腊八节习俗自产生后，佛寺僧众和民间信众对其的认识和践行也表达了对腊八节俗的尊重，一直在历史的时空里传承直至今日。

2. 文化丰富性

中国的传统节日体系萌芽于先秦时期，成长于秦汉魏晋南北朝，定型于隋唐两宋。在这一漫长的历史演进过程中，节日体系一直是中国社会上下一体遵循的基本时间框架，协调着人与自然、人与神（鬼、祖先）、人与人的关系。[2]任何传统节日的形成都不是朝夕可成的，其发展演变往往体现了不同民族、不同文化的相互影响。腊八节习俗在杭州民间产生发展，并依托千年名刹，誉

---

[1]张紫晨：《民俗调查与研究》，河北人民出版社，1988年，第272页。
[2]张士闪，李松主编：《中国民俗文化发展报告2015》，山东大学出版社，2016年，第140页。

满江南。在历史发展中，杭州的腊八节习俗将宗教文化、世俗文化、饮食文化融为一体，表现出多元立体的丰富内涵。杭州为江南富庶之地，也是南宋都城所在地，而肇始于宋代的佛寺施粥之俗亦在此时此地快速传播和发展。不仅在寺院，民间亦积极参与，腊八节越来越具有祈福求吉的世俗内涵。而腊八粥本身更是成了节日特色饮食，其材料的选择和独特的熬制技艺，丰富了中国的饮食文化体系。这一节俗融合了饮食习俗、节日习俗、信仰习俗等多种民俗事象，其文化内涵是非常丰富的。

3. 僧俗自发性

佛教进入中国初期，包括佛祖成道日在内的佛教节日还主要局限在寺院和僧人群体中。不过，佛教为了吸引信众、扩大影响，逐渐本土化和世俗化，中国古代腊日习俗和佛成道日的融合就是典型案例。尤其是宋代以后，佛教与各类世俗事物相结合，佛教教义中的世俗伦理内容日益增多，与民间生活密切相关。以寺院活动为中心，僧俗共同庆祝佛教节日（如浴佛节、腊八节、盂兰节等），佛事活动日益进入百姓生活都已成为市民生活的重要内容。[1] 如孟元老《东京梦华录》描述北宋浴佛节"十大禅院各有浴佛斋会，煎香药糖水相遗，名曰'浴佛水'"。记叙腊八节"街

---

[1] 赵瑞娟，赵志策，马凤娟：《世俗性的宋代佛像雕刻研究》，中国广播电视出版社，2015年，第49页。

巷中有僧尼三五人，作队念佛……排门教化。诸大寺作浴佛会，并送七宝五味粥与门徒，谓之'腊八粥'"。灵隐寺的腊八节习俗就是以寺院为纽带，以社区民众的广泛参与为依托的民俗活动。既有供佛、讲经等宗教活动，又有煮粥、施粥、祈福等民众参与环节，仅就灵隐寺施粥30万份的数量看，涉及节日中的僧俗民众可达数十万人。每到腊八节，杭州地区民众参与积极性极高，甚至杭州外的民众也自发以不同的方式参与其中。特别是寺院僧人和义工要忙碌数月，活动期间各路媒体及自媒体也持续关注，灵隐寺腊八节俨然成为杭州地区春节前最大的文化盛事，此时此地，僧俗各界都表现出非常强烈的自发性和自觉性。

4. 影响广泛性

如上所述，灵隐寺腊八节是佛教文化和世俗文化的融合，既上承古代腊八节的核心内涵，又与时俱进融入当代社会，在继承传统文化基础上，突出仁爱思想和健康饮食，在组织方式和表现形式上都有积极的探索。从灵隐寺腊八粥的食材和口感上可以看出兼顾了不同年龄层人们的口味和需求。灵隐寺制作的腊八粥采用桂圆、莲子、花生、赤豆、白果、红枣、粳米、糯米等十余种食材，主要是以谷类、豆类和坚果为主，口感甜糯，深受老幼妇孺、男女信众的喜爱，具有非常普遍的接受度。每年腊八节来临之际，灵隐寺都会有众多僧人和信众参与到腊八粥的制作当中，而在节日当天的施粥活动中，杭州本地的政府机关、企事业单位工作人员及社区群众都会被惠及，甚至还会连夜送到杭州之外的地区，让各地民众可以远程参与到灵隐寺腊八节习俗中，"天涯共此时"。还会有外地民众在腊八节前，通过各种关系预订灵隐寺腊八粥，或自己享用，或馈赠亲友。由此可见，灵隐寺腊八节习俗是具有广泛影响力的。

杭州的腊八节由于有灵隐寺这样的名寺作为依托，具有独特的优势，僧俗间的互动联系紧密，其传承、传播更为便利。除了民间自发的腊八节活动外，寺院是活动的主要组织者，并通过讲经法会、规模宏大的施粥活动等深刻影响到世俗社会，其宗教属性和世俗特征同样明显，是佛寺文化和世俗文化互融共进的典型。

延伸阅读：腊八节"吃冰""冻冰冰"与"腊八崇冰"

有的地方在腊月初七的晚上，用盆舀水等待结冰。腊八节将冰脱盆敲碎，俗信吃了后可一年不肚子痛。

还有的地方要为小孩子们"冻冰冰"。在一碗清水里，放入用红萝卜、白萝卜刻成的各种花朵，用芫荽做绿叶，摆放在室外窗台上。第二天清早，如果碗里的冰面冻起了疙瘩，便预示着来年小麦大丰收。然后，将冰块从碗里倒出，由于装饰物的点缀，倒出来的冰五颜六色、晶莹透亮，很是好看。孩子们人手一块，边玩边吸吮。

有的地方在腊月初八清晨，农人一早起床去河沟、潦池打冰。用斧头、农具等一下一下地砸刨，把打砸下来的碎冰块装回，倒在自家地里或者粪堆上。据说这样来年就能风调雨顺、五谷丰登。打冰活动表达了我国劳动人民期望丰收的美好愿望。这就是"腊八崇冰"[1]。

此外，由于我国民族众多、地域广大，传统节日的内涵和形式难免发生变化，从而表现出地区差异性。比如"陕北高原在腊八之日，熬粥除了用多种米、豆之外，还得加入各种干果、豆腐和肉混合煮成。通常是早晨就煮，或甜或咸，依人口味自选酌定"。"在四川，腊八粥做法五花八门，甜咸麻辣"皆有。[2] 除了腊八粥的差异性外，在其他习俗上亦有体现。如华北大部分地区在腊月初八这天有用醋泡蒜的习俗，叫"腊八蒜"。腊八蒜的"蒜"和"算"同音，寓意腊八节因靠近年关，是各家商号拢账、计算盈亏日子。北方一些不产或少产大米的地区，还有吃腊八面的习俗。俗语说"十里不同风，百里不同俗"，正说明了传统风俗的变异性和地区差异。

[1] 参见张庆虎编著《中华传统节日：腊八节》，东北师范大学出版社，2011年，第101页。

[2] 李焕有：《中国的传统节日》，安徽师范大学出版社，2012年，第194页。

四、腊八节习俗的当代保护与传承

作为传统文化重要组成部分的腊八节习俗在历史的发展中传承演变，不仅作为重要的民族文化遗产彰显出其历史价值，更是直面当代社会的现实，融入百姓的生活，展现出其活态的文化面貌和积极的当代意义。

四、腊八节习俗的当代保护与传承

　　作为传统文化重要组成部分的腊八节在历史的发展中传承演变，不仅作为重要的民族文化遗产彰显出其历史价值，更是直面当代社会的现实，融入百姓的生活，展现出其繁荣的文化面貌和积极的当代意义。腊八节习俗，作为国际化都市杭州在腊月里一道独特的文化景观，体现出传统民俗与现代都市社会的协同发展，体现出宗教文化与世俗文化的互融共进。

[壹] 腊八节习俗传承的现实意义

　　改革开放以来，我们的社会经济发展迅速，现代化、城镇化水平不断提高，群众的物质生活日渐丰富。随之而来的是乡村的萎缩，乡村人口的流失，传统文化的式微和现代文化的强势介入，以乡土社会为主要土壤的传统节日面临着传承危机。值得庆幸的是，21 世纪初兴起的非遗保护运动，非常及时地将活态的传统文化纳入保护体系中，传统节日的重要价值被重新认识。腊八节是我国传统节日体系的重要组成部分，杭州腊八节习俗更是区域性民俗节日的重要表现形态，其在当代社会的传承，尤其是对于杭州这样的国际化大都市来说具有十分重要的现实意义。

1. 年节文化的标志

"小孩小孩你别馋，过了腊八就是年""喝了腊八粥，就把年来数"。我们通过几句常道的民谣就不难看出，作为进入腊月第一个节日的腊八，人们首先在心理上就感受到了浓郁的"年味"，对于新年，已然是跃跃欲试。的确，一旦入了腊八，也就意味着到了"忙年"的时候，在接下来的日子里，祀灶，换门神、春帖，人们陆续除旧布新，置办年货。腊八节同这些习俗一道组成丰富的年节文化，我们也可以将其理解为广义上的春节。

当然，除了筹办年事、做节前准备之外，往日的农家百姓一过腊八，也意味着由"冬闲"转为"冬忙"，有关农事活动的准

2017年杭州望江街道腊八写春联活动

备也相继展开了。民国《杭州府志》有载："（腊月）十二日，养蚕之家各以盐卤茄灰熏揉蚕子，藏之谷壳中，至二十四日则出之，浴于川，以待春至。"旧时，灵隐寺周边居民在过完腊八节之后就要开始蚕桑作业，也因此，腊八当日除了喝粥之外，还会借机去寺庙进香，以祈来年蚕事活动的顺利。

实际上，在商代的时候，岁祭（新年即将来临时的祭祀活动）在时间上基本是和腊祭重合的，都在夏历的十一月初前后。并且，现在已经分别作为"独立节日"和腊八同组成一个年节系统的祭灶和除夕，在此前这几个日子的习俗之间也是有所重合的。

祭灶，又称辞灶或小年，定于每年的腊月二十三左右。祭灶

2017年灵隐寺施粥并赠送年历

2017年杭州灵隐街道东山弄社区施粥并赠送春帖

是腊祭五祀之一，从周代"腊先祖五祀"开始就有腊日祭灶的习俗，后人"常以腊日祠灶"。汉代以后，灶神越来越受到重视，地位日渐提升，甚至成为帝王亲自祭祀的神灵之一。《荆楚岁时记》载："十二月八日为腊日……其日，并以豚酒祭灶神。"由此可见，在南北朝时期，腊日这天民众还要祭祀灶神。到了宋代，人们将祭灶神的活动前移到腊月二十三，以示对灶神的重视，这就把灶神从腊日祭祀的众多神灵中独立出来了。时至南宋，司火的灶神地位得到极大的提升，祀灶最终演变成一个相对独立的节日，腊日的祭灶活动被分化出去。

　　而除夕是辞旧的重要时日，这一天要举行各种各样的仪式活

动来驱疫、辞旧，进而达到迎新的目的。除夕辞旧习俗也是源自腊日。秦汉之时，腊日前一天会举行驱傩仪式，来驱除瘟疫。北朝时期的驱傩仪式被推移到岁末，并一直延续到唐宋时期。腊日的第二天被称为"初岁"，这一天要宴饮聚会。这在《史记》中有记载："腊明日，人众卒岁，一会饮食，发阳气，故曰初岁。"由此可见除夕之雏形。此后，除夕风俗不断丰富，到唐宋时期，除夕驱疫习俗演变成在门上挂桃符、贴门神等。《梦粱录》云："十二月尽，俗云月穷。岁尽之日，谓之除夜。士庶家不论大小，家俱洒扫门闾，去尘秽，净庭户，换门神，挂钟馗，钉桃符，贴春牌。"此外，这一天还要举行祭祀祖先的仪式。可见，除夕的出现开始将腊日辞旧的内涵逐渐湮没。不仅在时间上，腊日前一天举行的大傩被移到了除夕，而且腊日节饰桃人、挂桃符的节俗活动也变成除夕的核心习俗，就连腊日祭祖这一习俗也被除夕祭祀祖先所取代。也可以说，除夕具有了更加浓厚的辞旧意味。

因此，我们说腊八节作为年节文化的标志，不管是从历史上它已分化到其他年节系统中去的习俗内容上看，还是从如今依然明显的时间节点的分布上来看，都是毋庸置疑的。

2.仁爱精神的载体

唐代的腊八节与佛教紧密相关，是一个佛教节日，纪念佛祖成道，民众参与的很少，这一时期，腊八节的主要节俗有浴僧、浴佛、煮"药食"、燃灯等。这些节俗主要在寺院里面举行，最初只是僧众举行的活动，后来逐渐蔓延至民间。

相比民间而言，佛教对于粥的重视度和依赖、推崇度更高。佛祖因食粥得救而成道，而后粥又是寺院的主食之一。唐代腊八日，寺院有"煮药食"的习俗。药食是用油与面和在一起，进行炒制而成。它应该是腊八粥的前身，唐代只限于寺院的僧人腊八食用，诸多文献对此都有记载。宋朝开始，腊八节逐渐兴起喝腊八粥的习俗，上至官方下到黎民均争相熬制腊八粥。喝腊八粥的习俗已从寺院佛门扩散到寻常百姓之家，真正成为民间风俗。

不过，在民间喝粥的寓意完全不同于佛门，主要是祈求农业丰收、家庭平安吉祥。腊八粥在当时称"七宝五味粥"，它不仅流行于都市，甚至在农村也很普遍，陆游在故乡山阴闲居时曾写下"今朝佛粥交相馈，更觉江村节物新"等诗句，这正是描写乡间田野喝腊八粥的风俗。但是，腊八节作为佛教教义和民间风俗的融合，自是脱去不了佛家乐善好施的信义。各寺院在腊八时节通过施粥济民这样的互动，也慢慢促进了腊八作为一个传统节日，在时间和空间上的扩展与蔓延。

腊八节到灵隐寺领腊八粥，是许多杭州百姓的习惯。在百姓眼里，领取的腊八粥并不在于粥有多么好吃，而是一种民俗文化行为，一碗腊八粥寄托的是对节日的重视，领回家家人共食，是

2009年到灵隐寺领粥的群众

对家人的关爱。2013年腊八节，家住杭州市下城区的李阿姨凌晨1点就来灵隐寺排队，但已经不是最前的位置。李阿姨说："我年纪大了，吃不了多少，起早来等腊八粥，主要是想给家里的小辈们尝尝，哪怕一人只吃一口也好，希望新年全家平平安安、身体健康。"[1] 这种最真实、最朴素的愿望，无不彰显出爱和温情的光辉，体现了中华传统美德。

　　据灵隐社区的老人回忆："以前寺庙里没有烧得像现在这么多，如果老百姓困难，庙里总也是一样困难的，那时庙里全靠人家赞

[1] 曹莉:《一碗粥里的幸福味道——杭州灵隐寺腊八节施粥侧记》,《中国宗教》2013年第1期，第74页。

助进去才烧的。如果有钱的人赞助进去，那么烧出来的粥呢也好一点；没有赞助呢，烧得差一点。虽然东西没有现在这么多，也很好吃，烧得很好。现在是很好了，腊八粥里东西多了。"

如今的灵隐寺更是在腊八当天举行腊八粥出锅、盛粥、供送等仪轨，由僧人将第一份出锅的腊八粥诚供佛前，为百姓祈福，又由约一千位僧人和信众依次传递腊八粥等贡品至佛前，表达对佛祖的感恩之情。

灵隐寺的腊八节活动自 1978 年重启以来，在 2008 年扩大了施粥活动的范围，施粥点主要涉及杭州的寺院、社区、学校、福利院、养老院等，每年的施粥数量也逐步增加到三四十万份。

2017年到杭州和睦新村福利院施粥

2015年到小学施粥

2017年到杭州市下城区老人公寓施粥

2015年浙江之声参与送粥

2009年又推出了腊八节免票制度，让更多市民能够共享节日氛围。为了在当代弘扬感恩精神，营造和谐友善的社会氛围，灵隐寺的腊八节习俗中更包括了法会的内容。各社区的民众和灵隐寺僧人一起参与以释读腊八文化、传递仁爱精神为主题的讲经法会。由于灵隐寺腊八节施粥产生了巨大的社会影响力，在腊八当日，灵隐寺外的杭州其他寺庙、道观、药店、药铺和慈善机构等也纷纷仿效，在腊八节熬制腊八粥并分粥施粥给广大群众，使腊八节的节日氛围更加浓厚，成为杭州传统。如杭州市佛教协会所辖净慈寺、法喜寺、法净寺、法镜寺、灵顺寺、香积寺等寺庙都会施粥。

2019年以来，持续的新冠疫情侵扰着腊八节习俗活动的开展，

2016年民众品尝腊八粥

聚集性施粥活动面临极大的安全隐患。基于此，光泉法师制定了针对性的腊八节煮粥、施粥方案，做到精准派发，点对点派送，杜绝中间环节，确保防疫安全。2021年的腊八节，灵隐寺由以前的现场施粥改为派送腊八粥物料，腊八粥物料被送往防疫一线的医院及中小学、戒毒所、养老院、社区等场所，变通性实现施粥目的，广播乐善仁爱精神，优先关爱弱势群体，社会反响良好。

3. 健康饮食的倡导

粥是中国最早的谷物熟食品，相传黄帝"始烹谷为粥"。随后便成为最大众化的日常食品，其综合性最强，包括了主食、副食和汤，蕴含了各种味道，营养丰富，而且烹制简单，便于食用。

领到腊八粥的祖孙俩

在长期的烹制、食用实践中不断改善发展，使粥的种类非常丰富。在饥荒年间，无论官方还是民间，救济灾民的常规手段就是施粥，堪称救命之粥。长期的食粥经验，使人们另外发现了食粥有助人消化、排泄、养胃等养生之用。

作为冬日里的一碗暖饮，腊八粥的主要原料为米类，特别是糯米具有温脾益气的作用，适于脾胃功能低下者食用，赤小豆含蛋白质、脂肪、碳水化合物、粗纤维、钙等，具有健脾燥湿、利水消肿之功，花生又具有润肺、和胃等功能。秉持着营养、素食的原则，起到和胃、补脾、养心、清肺、益肾、利肝、消渴、明目、安神等作用的腊八粥，尤为贴合现代人依循天时、有节制的

花生

健康生活需求。

  灵隐寺的腊八粥制作大
致分为准备、煮制、起锅三
个环节,总计 33 道工序。在
准备环节中,保证制作现场

红豆

的消毒,对无用通道进行封锁,所有人均需持证出入。在选用红
枣、蜜枣、桂圆、花生、莲子、白果、糯米、赤豆、芸豆等主要食
材时,或是手工逐粒筛选,或是淘洗晾晒,或是过筛杂质。在煮制
环节中,食材的入锅、烧制、火候均有严格的时间控制,保证其独
特的口感。起锅、包装之时也把握住合理恰当的食品处理标准。灵

腊八粥

隐寺的腊八粥与其独有的文化氛围相结合，在食材的配比、煮制及保存方面的要求精益求精，确保了腊八粥的口味纯正和保健功效。

4. 尊祖重农的诉求

我们一般认为，腊日，即腊祭之日，是腊八节的雏形。这是一个岁末祭祀神灵和祖先的日子，也是唐宋以前十分兴盛的一个重要节日。腊祭是上古民众最为重要的年终祭祀活动，它包括两种形式：蜡祭和腊祭。蜡祭主要是祭祀与农事劳作关系密切的神祇，即农业神。腊祭则主要是祭祀祖先，《礼记·月令》有云："腊先祖五祀"。

蜡祭与腊祭原来是具有十分明显的区别的。然而，春秋战国之际，社会巨变，礼崩乐坏，原有秩序日渐衰败，加之蜡祭和腊祭日期相临近，两者由此逐渐合二为一，统称"腊祭"，作为年终的腊月也因此而得名。秦汉以来，蜡祭与腊祭逐步合二为一，成为同一祭祀活动了。

在古人眼中，凡是与其生产和生活密切相关的人、事、物都会被奉为神灵而在年终加以祭祀，这是腊祭的思想基础。因此，腊日主要是一个酬拜神、祭祖先、庆丰收的年终综合性节庆，在后来的冬至、腊八、小年、除夕等节日中能发现腊日的影踪。可以说，腊八节是古代腊日节的遗俗。先秦时期腊祭活动往往持续很多天，直到后来日期才固定下来。南北朝时期，腊日固定到农历的十二月初八。随着南北朝时期佛教的传入，腊日又成了佛祖成道纪念日，唐宋以后，腊日在民间社会逐渐衰落，随着佛教腊八渐盛，腊日许多习俗也聚拢到腊八节俗中来了。

总之，从宏观的历史叙事角度而言，腊八节是中华民族之于农耕文化"时间自觉"的一部分。正如陈建宪认为的，在每个民族的历史发展轨迹之中，存在一种称之为"时间自觉"的现象，经过长期的无意识活动后逐渐浮到民族的意识层面。[1]植根于农耕文化背景之下的中华民族的传统节日正是"时间自觉"这一绵长链条上的一环。具体于腊八节，它也是农耕文化印记烙印于特定自然时间（十二月初八）的一个例证。从微观的农业生产生活层面而言，腊八节是与农业生产密切相关的祭祀活动"春祈秋报"的一部分。如向柏松所说，"春祈"是春耕生产开始之际，祈求神灵保佑农业生产丰收的祭祀活动。"秋报"是指秋季收获农作物前后举行的酬谢神灵的祭祀活动。而这种秋天的酬神祭祀活动也直接影响了春节和腊八节的形成，春节庆丰收祈求年年有余的民俗事象，腊八节熬腊八粥酬神活动，都是由秋祈祭祀活动演化而来。[2]因为在农业生产力水平极端低下的时代，农业丰收与否在

[1] 陈建宪:《春节：中华民族的时间元点与空间元点》,《民俗研究》2010 年第 2 期,第 143 页。

[2] 向柏松:《民间信仰与非物质文化遗产保护》,《中南民族大学学报》(人文社会科学版) 2006 年第 5 期,第 66 页。

很大程度上依赖自然条件的好坏。而阴晴雨雪不能预知，大自然气候变迁无法琢磨，于是，人们在大自然面前往往只能是逆来顺受，因此，人们在期盼风调雨顺之时也不得不对大自然常怀敬畏之心。这种复杂的情感很自然地外化为"春祈秋报"的祭祀活动。腊八节所特有的祭祀活动表现出的就是古代先民对来年农业丰收的殷切期盼。

此外，腊八节的标志性食俗是腊八粥，熬好的第一碗腊八粥先是供奉祖先、敬奉神灵，再是全家享用。这一米豆、果干类农作物的滋养组合，带有和睦美好的民俗寓意的同时，也意在唤起我们对于农耕文化的记忆，传统社会的生活方式仍旧栖息在我们的心灵之中。

［贰］腊八节习俗的传承现状

腊八节作为僧俗共举的民俗文化节日，在佛寺和民间都有传承基础。杭州既是现代化大都市，同时又保存了以腊八节为代表的许多优秀传统文化，腊八节的相关活动成为杭州地区居民共同关注和乐于参与的集体性民俗活动。

1.腊八节的传承区域与传承群体

杭州地区的腊八节习俗历史悠久，世代传承。腊八节的节日民俗活动从前期筹备到活动开展历时月余，由寺院和社区民众共同参与、集体传承。杭州地区众多的寺院和大众共同推动了当地

2017年杭州天新社区施粥

腊八文化的发展，灵隐寺以其知名度和影响力在传承腊八文化的
活动中表现尤为突出。"文化大革命"期间，灵隐寺腊八节活动一
度中断，1978年灵隐寺重新开放，以性空方丈为代表的灵隐寺僧
人重启熬制腊八粥和施粥活动。目前，腊八节习俗的传承主要以
杭州市西湖区灵隐寺为代表的重要寺院为纽带，以周边社区民众
的广泛参与为基础，活动范围遍及杭州西湖区、拱墅区、上城区、
滨江区、余杭区、临平区等各个区。

　　任何一项民俗活动的存在、传承和发展，都离不开一定规模
的传承群体为依托。但民俗活动大都寓于民间的普通民众之中，
具有集体性、大众性、自觉性特征，很少会突出地表现某个人的

2015年杭州北干二苑社区施粥

个性和价值。腊八节的传承在民间大都是体现在一个个家庭之中，通过集体活动表达集体意识。而在寺院中，往往会有一定的组织机构，腊八节的传承体现出寺院领导者对这一活动的组织、管理和实践。从对灵隐寺的考察看，灵隐寺的历任方丈是活动的主要组织筹划者，但灵隐寺腊八节习俗并没有明确记载传承谱系。现以近百年灵隐寺住持、方丈法系作为参照。《灵隐新志》记载，灵隐寺入清后，由于实行"分房制"（共十八房），各立门户，主持全寺法席的方丈时断时续，特别在时局不稳，维持艰难时，僧众离散，无人继席，如道光、咸丰两朝四十余年竟无一人出任方丈。而出任方丈者除由地方举荐，或由两序公推外，大多由嗣法弟子继任，有时甚至由天竺僧人兼理，有时为迎候帝王驾临时由分房首座出面应对。由此，自具德后堪称全寺住持（即方丈）者有三十六人。以寺院为纽带传承的腊八节习俗因时局冲击而受影响时，在民间传承的腊八节习俗依然得以延续。2007 年，灵隐寺为了更好地开展项目保护、传承、传播和弘扬工作，专门成立了灵隐腊八节习俗保护工作小组，由光泉法师任组长，寺院监院廓忍法师、文宣部负责人智忠法师任副组长。在保护工作小组的组织管理下，腊八节习俗的相关活动得以在灵隐寺有条不紊地开展。光泉法师还推动建成了灵隐腊八节习俗展示馆，已有展品腊八节习俗风俗画 6 幅、泥塑 6 组、腊八粥食材标本 8 种，后期将继续丰富展品内容。

在灵隐寺腊八节习俗复兴和发展过程中，大悲法师、性空法师、木鱼法师、光泉法师都起到了至关重要的作用，他们在不同的历史阶段为灵隐寺的腊八节习俗传承做出了重要贡献。

尤其是性空方丈和光泉方丈，他们在关键时刻让腊八节的传承得以维持、中兴。"文化大革命"期间灵隐寺遭到冲击，寺庙封闭，佛事中断。"文化大革命"结束后，为接待西哈努克亲王，灵隐寺重新开放。由于之前寺观一度被废，僧人被遣散，住持方丈缺席。为此，灵隐寺只得临时任命监院性空为方丈，还重新找回

了被遣散各地的僧人，以维持寺院日常的开放、接待。[1]借此机会，以性空方丈为代表的灵隐寺僧人重启腊八节活动。

灵隐寺的光泉法师为国家级非遗代表性项目腊八节习俗的代表性传承人。光泉法师，1961 年 3 月 8 日出生，杭州市人。1989 年 12 月在江苏省海门县法光寺出家；1990 年 4 月在上海龙华古寺受具足戒；1992 年 4 月毕业于上海佛学院，同年 4 月至 8 月在中国佛学院九华山执事班学习；1992 年 9 月至 1995 年 8 月任上海佛学院崇明班监学，后任上海崇明广福寺监院；1997 年 3 月任杭州市中天竺法净禅寺监院；1999 年任杭州佛学院院长；2002 年 12 月任浙江省佛教协会常务理事、副秘书长；2004 年 10 月任杭州市佛教协会秘书长；2005 年 7 月毕业于浙江大学中国哲学研究生班；2005 年 9 月至今任杭州市佛教协会会长；2007 年 2 月任灵隐寺监院；2011 年升座杭州灵隐寺新任方丈，担任至今。

光泉法师不仅积极推动腊八节活动的基本实践，而且精研佛法，重视学术研究。截至 2022 年 8 月，光泉法师在灵隐寺期间著作、主编图书 24 本，包括《坐看云起》《冷泉之禅》2 本专著，以及《吴越佛教》《硕揆禅师语录》《中部经典》《长部经典》《灵隐寺与南宋佛教》《灵隐寺与北宋佛教》《灵隐寺与中国佛教》《第六届灵隐文化研讨会论文集》等 22 本主编图书。在《中国宗教》《中

[1] 郭学焕：《浙江古寺寻迹》，浙江古籍出版社，2018 年，第 36 页。

光泉法师

国民族报》等报刊公开发表论文 64 篇，产生了深远影响。

　　光泉法师 2007 年任杭州灵隐寺监院，主理院务，灵隐寺的腊八节活动正是在光泉法师带领下，才取得了突飞猛进的发展。从那时起，每年腊八节期间，光泉法师都会偕同寺院常住僧众，积极参与腊八节习俗中的讲经、传供、腊八粥制作、分发等活动，

推动了民众对腊八节的认同，扩大了腊八节的社会影响力。自2008年以来，灵隐寺已经连续十余年开展腊八讲经、传供、祈福和施粥活动。腊八节煮粥、施粥活动的开展，既继承了传统，又将寺院和社区连接起来，营造出一种感恩睦邻、和谐共美的良好氛围。在腊八节的当代传承中，除了寺院和社区民众外，基于都市的社会组织、企事业单位也成为腊八节活动的参与者。比如杭州云林公益基金会、云林书院、杭州志愿者协会、中国邮政速递杭州市分公司、在杭新闻媒体等，都多次参与了灵隐寺的施粥活动，将腊八粥送到杭州的街道社区、医院、养老院、福利院、民工子弟学校、残疾人特殊学校等，共同彰显仁爱互助的精神，积

2015年光泉法师讲经

极弘扬社会主义核心价值观。

除上述施粥活动外，灵隐寺方丈光泉法师高度重视项目的保护传承工作，积极推动保护灵隐腊八节习俗的各项工作，在他的领导下，灵隐腊八节习俗得到更加全面的传承，发扬光大。在保护、传承实践过程中，光泉法师遵循优秀传统，结合社会新要求，开展了以下工作。

（1）严格遵循祖训，积极保护历史传承

腊八节习俗，是杭州地区以灵隐寺为代表的寺院协同民间大众在腊八节期间，举行供佛、讲经、煮施腊八粥等活动的一种节日信仰民俗。它上承周秦腊祭习俗遗绪，下启唐宋江南地区腊八节习俗之先，集宗教信仰与世俗观念于一体，是我国腊八节习俗的杰出代表。在传承和保护工作中，光泉法师非常注重对宗教仪轨的严格遵循。在关键的供佛祈福、方丈讲经、千僧传供等环节，都严格按照特有的宗教仪轨来进行，保证了仪式的正统性。

（2）严格遵守古方，积极保护传统技艺

熬制腊八粥是灵隐腊八习俗的重要内容，也是深受广大人民群众喜爱的"年味"。为了保证味道的正宗，光泉法师严抓质量控制，从原料、生产技术等方面入手，严格按照寺传腊八粥配方和生产步骤，一丝不苟地进行生产，确保煮粥的火候控制、糖桂花制作等传统技艺不丢失。

国际友人参与腊八节活动

（3）彰显腊八节蕴含的回馈社会的精神

　　光泉法师认为，灵隐寺的腊八粥，除了供佛和送居士信众之外，一定要分享给各个阶层的普通民众。这是佛教注重回馈社会、感恩大众精神的体现。由于灵隐寺腊八粥深受广大民众喜爱，粥的需求量每年都在攀升，为了让更多群众都能分享到这份"暖心粥"，近几年来，光泉法师积极联合社会力量，由社会团体、僧人和义工一起把腊八粥送到社区、养老院、福利院、医院、学校、环卫所等机构，努力给社会各阶层的劳动者们都送去一份关爱。在疫情期间，光泉法师还特别注意做好送粥过程的防护工作，避免发生疫情事故。

（4）积极培养、涵育项目传承人

在光泉法师的引领下，灵隐寺一直致力于积极培养、带动更多的年轻僧人加入项目传承事业中，目前已经建立了一支以十多名青年僧人为主体的传承人队伍。如灵隐寺监院智光法师，自2014年开始学艺，已全面掌握腊八节习俗的各个环节，在活动中可以代表方丈登坛讲经，协助光泉法师统管腊八节的整个活动，特别是腊八粥原材料准备、熬制、派送的全部过程。灵隐寺监院法明法师，2016年开始学艺，较全面掌握腊八节习俗的各个环节，在活动中负责统管腊八节期间的媒体宣传。灵隐寺执事圣闻法师，2016年开始学艺，全面掌握腊八粥的烧制技术环节，在活动中负责腊八粥的选材和烧制。灵隐寺执事志祥法师、演浩法师、慧仰法师，2017年开始学艺，在活动中负责协助对外宣传。灵隐寺知客常法法师，2018年开始学艺，在活动中负责法会仪轨。其他如智伟法师、莲富法师、相莲法师、戒法法师、能量法师等也都在腊八节习俗的不同环节中承担相应的工作，对于腊八节习俗知识的掌握日渐纯熟。光泉法师还在寺内设立培训基地，定期进行宗教仪轨、腊八粥选料熬制、灵隐腊八文化等内容的培训，使团队的业务能力得到全面提升，为灵隐腊八习俗后继有人做出了保障。

（5）努力挖掘项目的可持续性发展潜力

近年来，该项目越来越受到社会的重视和民众的喜爱，显示出勃勃的生机。光泉法师一贯认为只有不断创新发展才能更好地传承发展灵隐腊八节习俗，因此，光泉法师一直不遗余力地利用各种方式对灵隐腊八节习俗进行宣传。尤其是尝试了在互联网新环境下，如何创新形式，整合不同的新媒体平台打造新民俗，取得了很好的效果。2019 年、2020 年在光泉法师主导下，与腾讯合作，策划制作了灵隐腊八节祝福动画，在社交媒体新平台上播放，取得了很好的社会效益。2020 年底，由于受到新冠疫情影响，浙江省政府鼓励民众留在当地过春节，并倡导把庆祝活动搬到线上。光泉法师积极响应政府的号召，加入在线上为杭城营造年味的活动，亲自指导拍摄了年俗视频，以一碗温暖人心的腊八粥率先在网上拉开了"在浙里过年"活动的序幕，成为节日期间网上的一道靓丽风景线，收到很好的社会反响。

　　在非遗保护的大背景下，杭州地区的腊八节习俗得以复兴并日渐产生强大的辐射力和影响力。在大量社区民众参与和媒体积极宣传下，杭州腊八节习俗产生了国际影响力，国际友人也热情参与了腊八节的相关活动。灵隐寺则积极发挥了保护单位的责任和担当，成为这一民俗活动的主要组织者和实践者。2016 年 2 月，"灵隐腊八节习俗"首先入选第六批杭州市非物质文化遗产代表性项目名录；2016 年 12 月，又入选第五批浙江省非物质文化遗产代表性项目名录，同月，光泉法师被认定为该项目的浙江省级非物

灵隐腊八节习俗入选第六批杭州市非物质文化遗产代表性项目名录

灵隐腊八节习俗入选第五批浙江省非物质文化遗产代表性项目名录

腊八节习俗入选第五批国家级非物质文化遗产代表性项目名录

质文化遗产代表性传承人；2018 年，灵隐寺被确认为该项目保护单位。2021 年，"灵隐腊八节习俗"更名为"腊八节习俗"列入第五批国家级非物质文化遗产代表性项目名录。这一系列名录的申报成功，都证明了灵隐寺腊八节习俗的文化价值和时代魅力。

2. 腊八节的传承境遇与主要原因

虽然以灵隐寺为保护单位开展的腊八节活动产生了巨大的社会影响力，施粥活动已经成为杭州的品牌，寺院里也有了较好的传承人队伍，但是在民间的传承还是存在很大问题。首先，杭州市属于现代化城市，有着适应现代工业生产的工作时间和生活节奏，外地人口众多，人口流动频繁，很难形成传统农业社会中的传承群体。杭州郊区乡村中的人口相对稳定，但也存在人口向中心城区流动的大趋势。年轻人都到城市上班工作，对腊八节的关注和了解很难深入。目前，腊八节的主要传承人群还局限于老年人群体，然而又如灵隐寺周边的老年居民所言，"年纪大了，也不烧了，家里烧的人也很少了"。在没有得到年轻群体的关注之时，大批的年老之人又在脱离传承队伍，这使得现在的腊八节更多的是存活在民众的口头上、记忆中，而不是实际生活里。可想而知，长此以往，腊八节或将似风一般只存在于接下去几代人的耳朵里。

不过，腊八节的传承困境也非其独有的，很多中国传统的节日都面临着相似的窘境。在全球化背景下，西方节日及其文化毫不费力地吸引了大部分年轻人的注意力，尤其是在消费文化当道的今日，不得不说西方的节日牢牢抓住了很大一部分现代人的胃口。但事实上，这大部分人里面，并没有多少人能够真正地理解这些节日背后的文化，一些调查显示，人们对"洋节"和中国传统节日的认知差异并不大。我们效仿的大多是节日活动的表面形式，未必能产生真正的文化认同。因此，即便我们在体验西方的节日，也很难认为是在为其进行着传承。当然，我们并不是否认外来的节日文化中含有普适性的价值，它们能在新的环境下生存，就说明了是与我们的部分文化需求相吻合的。

不过，正如叶启政所言，"传统"指涉的是一个社会本身的内在长期具有的文化基素，我们经过千年以上经营的传统文化在与以外来之西方"现代性"的拉锯中也不落下风，虽然有些滩头已经被外来"现代性"以游击战方式冲破了，但是传统文化仍旧在向我们的日常生活世界中的各个方面渗透，它还有能力动员能量来修补、阻挡，让人们在主观认同与感受上获得一定的满意。[1]我们可以看到，如今，似乎又出现了传统的回潮，民众对本土文化又有了重新认识与了解的渴望。更可喜的是，尽管社会不断在变迁，但我们仍留有一些共同的民俗心态乃至情结，而我们的本土文化又担得起时间的考验，经得住追溯与挖掘，值得回味与留念。

然而，腊八节又没有其他传统节日那般在民众心中根深蒂固，国家也并未设置法定节假日来正面提醒民众其重要价值。它的生存除了依靠普通民众之外，就是来自寺院的支持，而现在，它又已经在民众当中失去了大半的生存动力，因此，想要让腊八节获得足够的生存空间，也就意味着在现阶段，必然要紧跟社会动态、借助文化风向，让腊八节文化以各种可见的形式频繁出现于民众的视野中、生活里。

不光是能够被听到，还要能够被见到、被感知、被体验到，

[1] 叶启政：《期待黎明：传统与现代的搓揉》，上海人民出版社，2005年，第168页。

并且要尽可能地扩大民俗文化的受众群体，在为老年人、弱势群体等主动提供腊八粥，营造节日氛围的同时，更要通过展现腊八文化的魅力，传达民间文化的重要性，以此来唤起人群在日后节日中的主动参与。

［叁］腊八节习俗传承传播方式的当代转型

"传统"与"现代"并不构成一组必然对立的存在，事物的变化也不是非此即彼，而是互相渗透、互相转换从而达至变迁的。"现代"在与"传统"的延续衔接中，为塑成"新传统"提供了可能。腊八节虽被冠以传统之名，其实也是现代生活的一部分，如何结合时代变化，却不被"现代"过度稀释以至吞噬"传统"，既基于传统又勇于创新，以此来进行有效的保护与传承活动，是所

2017年杭州人民广播电台组织的腊八活动

有传统节日都面临的一大课题。

　　就灵隐寺传承的腊八节活动来看，自 1978 年重启以来，不断在增大施粥的范围、人群和数量，而在 2017 年，灵隐寺更是做出了较之先前更为明显的转型动作。首先是在寺庙内的文物室开辟了灵隐腊八节习俗非遗展示区域，让作为非物质文化遗产的腊八节有了有形的、专门的空间载体来传承传播腊八文化，凸显了保护单位的重要性。此外，为了更好地让青年人参与到节日中来，

灵隐腊八节习俗非遗展示区

拓宽文化受众面，灵隐寺的腊八活动又在这一年走出了杭城，到浙江省其他市区的学校，特别是一些建有非物质文化遗产传承基地、开展非物质文化遗产社团活动的学校，进行施粥活动。并且，在杭州市内，与卖鱼桥小学、求实星洲小学结对，进行了校园腊八文化传承基地的授牌、腊八豆拼画大赛义卖等活动，还与中国美院一起合作了"腊八文化"校园课程绘画活动。

除了灵隐寺极力推动杭州的腊八文化外，杭州的其他寺院如香积寺、白龙寺、元兴寺、龙广寺、潮音禅院、青莲寺、上天竺法喜讲寺、法镜寺、净慈寺等寺院均在腊八节开展煮粥施粥活动，大大加强了以佛寺为纽带的腊八节文化传承。此外，杭州的胡庆余堂、方回春堂等药店以及部分街道社区也有施粥活动，使得杭州整个城市的腊八节氛围变得浓厚起来。如杭州方回春堂复建后保留了腊八施粥的传统，至今已有近 20 年，施粥数量达到 1 万份。方回春堂河坊店副馆长王丽芬说："腊八粥食材丰富，有糯米、黑米、红枣、米仁、花生、桂圆肉等共计十余种。除了普通腊八粥都会使用的食材之外，方回春堂熬制的腊八粥中还多加了三味中药材：山药、茯苓、枸杞。山药助消化，茯苓健脾，枸杞补肝肾。此外，还特地为不适宜吃糖的朋友，准备了添加木糖醇的腊

腊八节习俗保护传承座谈会

八粥。"[1] 可以说，在现代化水平颇高的杭州，作为传统文化的腊
八节习俗已经融入当地居民的生活之中，他们都已经接受并认可
这种习俗和行为方式，这对于传统文化的传承发展来说无疑是极
为有利的。因此，推动不同主体参与腊八节的活动，营造节日氛
围，强化集体认同，是当代腊八节习俗健康发展的有效路径。

在实施以上这些加大教育普及、增加文化认同、为传承铺路
的措施同时，相关的保护活动也在日渐完善。除了对照非物质文
化遗产保护的要求，继续开展对腊八节文化项目的普查工作，全

[1]《也来喝一碗吧！杭州腊八免费施粥引市民排长队》，http://www.zj.xinhuanet.
com/zjPhoto/20170105/3608812_c.html。

面掌握腊八节历史沿革、分布区域、特征价值、传承过程、发展变化，整理腊八节习俗的传承体系、进一步地修缮并记录腊八粥的制作技艺，并按照佛教教义，遵从腊八粥出锅到派送之前施行的一整套仪式之外，还积极扩大和外界之间的互动联系范围。例如，组织专家学者召开有关中国传统节日文化的学术会议，举办腊八节文化论坛，讨论腊八节文化，对非遗保护提出对策建议，出版腊八文化丛书等。此外，还积极鼓励民俗学专业的学生和老师前来调查，寻找腊八节习俗的文字资料和实物材料，倾听并记录周边居民的腊八记忆，着手节日调查和报告的撰写，对节日活动以及节日场景中的普通民众进行调研。

2017年腊八节文化论坛

[肆] 腊八节习俗的当代学术研究

在腊八节资料的整理和规范性解释上,辞书、类书等著作对全国各地的腊八节习俗做了相对充分的工作,如申士垚、傅美琳的《中国风俗大辞典》(中国和平出版社,1991 年)辑录了大量中国古代风俗资料,关于腊八节俗的词目在资料上是相当充分的。乔继堂、朱瑞平的《中国岁时节令辞典》(中国社会科学出版社,1998 年)也专列词条,收录了有关中国各时代、各民族腊八节习俗的资料等。此类工具书以词条的形式对腊八节的文化内涵、节日习俗做了较为充分的资料搜集、归纳和整理,但因辞书类工具性功能所限,无法展开学术性的研究,只能止步于对腊八节的事象描述。

学术界对腊八节的关注基本上集中在中国传统节日著述中,此类著作对腊八节的历史渊源、不同地域的节俗以及文化内涵等作了较为详细的资料搜集和描述,但是,大多也止步于资料的搜集和重述,缺乏学术性的研究,甚至所用资料也存在重复的问题。此类著作具有代表性的有罗启荣、欧仁煊的《中国年节》(科学普及出版社,1983 年),此书有"漫话腊八"一节,介绍了腊八节的文化内涵等。杨琳的《中国传统节日文化》(宗教文化出版社,2000 年),此书专列了"腊日节和腊八节"条目,介绍了腊祭与蜡祭的异同、先秦腊日风俗、秦汉以后的腊日节及腊日节的日期、腊日节与腊八节的关系等问题。常建华的《岁时节日里的中国》（中华书局，2006 年），也专门写有"腊日与腊八"一章，内容包括腊日源流、腊会与腊赐、腊除、收藏、浴佛与腊八节等，介绍了腊日的起源、腊八节的习俗等。王文章的《中国传统节日》（中央编译出版社，2010 年），有专门的关于腊八节的一章，对腊八节的源流、习俗等做了系统的资料梳理。类似的著作还有：刘孝听的《中国传统节日与文化》（湖南人民出版社，2010 年），李露露的《中国节——图说民间传统节日》（福建人民出版社，2005 年），孙秉山的《为什么过节：中国节日文化之精神》（世界知识出版社，2007 年），王昕朋的《中国传统节日的仪式》（新华出版社，2020 年）等等。

相较于其他中国传统节日，专题研究腊八节的学术文章相对较少，且多为考据性的文章，缺乏对腊八节在当下社会文化环境中的状况进行调查研究的文章。如夏日新的《腊日与腊八日》（《江汉论坛》，1998 年第 2 期）及何莉、白静的《"腊八"考溯》（《湖北大学成人教育学院学报》，2002 年第 6 期）都是引用大量史料来探究腊日与腊八节的起源和不同，指出腊日与腊八日是渊源不同、日期不同、习俗不同的两个完全不同的节日。谭蝉雪的《唐宋敦煌岁时佛俗——八月至十二月》（《敦煌研究》，2001 年第 2 期）对唐宋之际敦煌地区的腊八节俗活动进行探讨，此文史料丰富，有

助于读者了解敦煌地区的腊八节。有些文章从民俗心理、价值功能等角度对腊八节做了研究，如夏维波的《中国古代蜡祭的民俗心理探析》[《东北师大学报》(哲学社会科学版)，2002年第2期]从民俗心理的视角讨论了古代的蜡祭习俗，指出蜡祭是为了杀死衰老之物，蜡祭是庆祝衰老的植物神死亡的仪式。徐立平《论唐代腊日的祭祀及其价值功能》(《焦作大学学报》，2009年第1期)讨论了唐代腊日祭祀情况及其价值功能。汤玫英的《腊八节的农耕文化意义探究》(《农业考古》，2013年第4期)探讨了腊八节的农耕文化意义，认为腊八节的文化意义主要有表达祈求丰收吉祥的美好愿望、展现庆祝农业丰收的喜悦心情、营造和谐人际关系的有效手段、蕴含追求身体健康的养生之道、开启新一年农忙的时间窗口等。隆滟的《陇东农耕节俗文化的当代价值——以腊八节为例》(《甘肃社会科学》，2015年第2期)以陇东腊八节俗为例，通过对其历史渊源、农耕节俗文化内涵的探讨，挖掘其与先周历史文化的联系，探究陇东农耕节俗文化的当代价值。此外，还有数篇从历史资料的角度进行考证的硕士学位论文，如周俐君的《清明端午七夕中秋重阳腊八考》(曲阜师范大学硕士学位论文，2015年)、邱倩楠的《唐宋时期佛诞日、盂兰盆节、腊八日研究》(西北民族大学硕士学位论文，2017年)，而高志宏的硕士学位论文《腊八节的历史变迁与现代转型》(中南民族大学硕士学位论文，

2012 年）则探讨了腊八节的历史形态和现代社会腊八节衰落等问题，这是为数不多的关注腊八节当下处境的学术论文。

此外，还有诸多散见于大众读物的文字，则多为对腊八节源流、节俗进行简单描述的普及性文字，不属于学术研究类的成果。

综上所述，学术界对腊八节习俗的研究已经有较多积累，但多从历史层面进行研究，或者以知识性、普及性介绍为主。而且，腊八节习俗在不同的地区也有较大差异，相关的习俗活动、信仰精神、饮食类型都极为丰富，还需要进行更加深入、系统的专题研究。而从非物质文化遗产的层面进行研究的成果相对比较匮乏，一方面是因为非遗保护实践作为政府推动的文化事业更多地带有了行政的色彩，与学术研究的路径不同；另一方面则是非物质文化遗产本身缺乏学科归属，相关的基础理论和实践探索尚未形成系统，从而导致对某个非遗项目的研究也呈现出一定的片面性。对腊八节习俗的研究也是如此，由于学科差异，从历史学、民俗学、艺术学等不同学科视角出发，关注点和研究方法都是不同的。腊八节习俗作为生活文化从民俗学角度进行研究是比较自然的，但真正与非物质文化遗产融合起来研究的相关成果亟需充实。

五、腊八节习俗的发展前景

腊八节文化历史悠久，世代传承，既有历史的根脉延续，又有新的地区和时代特点，是文化丰富性、多元性的表征。腊八节习俗的传承发展正面临着越来越好的时代环境和氛围，其未来值得期待。

五、腊八节习俗的发展前景

　　作为非物质文化遗产的腊八节习俗，在国家的非遗保护政策之下，会有更多的机会得到保护并进行多样化的传承。正如乌丙安所说的，民众自我保护文化记忆和自觉传承文化记忆是关键。[1]当传统节日民俗遭遇强力干预、被迫取缔时，老一辈传人文化记忆的传授机能往往采取隐藏的不为外人所知的方式口传心授地进行，晚辈中的有心人就会把这些民间智慧或知识转化为自己的文化记忆储存起来。这期间自然有一部分晚辈传习人受到外力的干预影响，对老一辈传人的传授采取或拒绝，或半信半疑，或姑妄听之等不同态度，于是产生了文化记忆的缺失或断裂。在较长一个历史时期内，随着老一代传人的自然离去，中青年一代人对传统节日习俗逐渐疏离，必然形成传统节日民俗文化记忆的逐渐淡漠。而得益于数字技术日渐成熟，如今，民众们有关腊八节习俗的记忆能够通过口述的形式转化为有效资料得到保存和利用，这将唤起民众对民间文化的重视，提升文化自觉，构建起文化自信，

---

[1] 乌丙安:《文化记忆、文化修复、文化主体——端午节后的"非遗"所思》,《中国社会科学报》, 2010 年 7 月 1 日第 102 期, 第 54 版。

2017年腊八送福字活动

从而激发节日保护与传承的动力。

　　传统节日的神圣感需要尊重，但适应当下社会的文化环境，积极对传统节俗进行现代性转换，也对传统节日的传承至关重要。现下，灵隐寺的腊八节传承实践已经有了一些可供参考的案例，腊八节大规模的施粥活动和媒体宣传，使腊八文化的社会影响力进一步加强。腊八节是传统民间民俗文化的代表，而其在大都市杭州的传承则明显烙印了城市的标签，城市市民和农村乡民对腊八节文化的认知一定会有差异。在大城市，虽然没有田园牧歌式的乡村理想，但城市的大众文化、市民文化、消费文化发达，传

统腊八节文化的传承发展有较大的拓展空间。比如面对节日经济的挑战时，能尝试着推出自己的文化创意产品，以节日文化纪念物等形式，借助商品流通手段，提高知名度、扩大受众面。再结合新媒体平台，进行诸如网络直播腊八节、拍摄腊八文化专题片、建设专题网站等方式以形成文化品牌，让节日文化得到更多途径的传播，获得大众尤其是年轻人的青睐。

另外，由于非物质文化遗产相关的教育在各阶段的学生群体中皆有所普及，这为节日的多种表现形式提供了更大的接受可能。抓住青年人在对传统节日增进了解之时所抱有的期望心理，也为扩大这一传统节日文化的传承空间，走出寺院，真正与民众的日常生活产生联结、互动提供了契机。有望通过在一些社区设立传习所、文化陈列室、确立代表性传承群体，使腊八节在都市中与社区的融合度更高。

在中国传统文化节日受重视的社会背景下，腊八节作为宗教文化和民俗文化融合而成的一个传统节日，势必也能够引起各界的关注与参与，调动民间组织、企业的积极性，得到各方支持。比如现在，已有教育机构和教育工作者开展丰富多彩的主题教育活动，提高青少年对传统节日的体验参与度，政府也引导各种社会力量、统合各类资源，参与到节日活动的开展中来，为保护与传承非遗提供便利和支持。

俯瞰灵隐寺

　　最后，不得不提的是，与现在倡导的慢生活理念相契合，人与人之间的相处被视为一件值得珍视的事，腊八节的施粥文化让我们看到人与人之间的脉脉温情，而制作腊八粥，品尝慢食，体验慢时，也让现代人在慢节奏的节日生活中，找到与己、与人、与自然和谐相处的可能。正如刘魁立先生所说，中国人的节日体系体现出中国人特有的时间观念，是以协调人和自然的关系为核心而建立的。[1]

　　腊八节习俗的当代发展，内含着其传统内核与现代形态的辩

[1] 刘魁立：《中国人的时间制度和传统节日体系》，《节日研究》2010 年第 1 期，第 48 页。

灵隐夜景

证。从社会学角度看，如叶启政先生所言，当"现代性"的理性逻辑取得优势之后，它会随着创新的引进，权力的运作以及诸如认知、态度与价值等等的改变，逐渐渗透进社会的各个层面，取得了主导人们定义、诠释和采取行动的正当性。[1]"现代性"由此所营造的"正统"意涵典范，或转变成为日常生活中的自然态度，或被供奉为具有神圣意涵的制度形式，从而指引着人们在社会里的实作行为。这也使得"现代性"逐渐嵌入人们的日常生活而成为新的"传统"。更何况，传统文化也并非是一成不变的，实际上

[1] 叶启政：《期待黎明：传统与现代的搓揉》，上海人民出版社，2005 年，第 175 页。

并不存在所谓的"原汁原味"的传统，从这一层面去看，"传统"并未丧失自己的主动性，我们的传统节日也并不会因为时代的变化而一定失去生存空间，相反，眼下的情形，若能借目前的非物质文化遗产保护之势，倒便于再次找到融入民众生活的机会，使传统节日自身在现代社会中得以更好地栖息。

未来，灵隐寺将以国家和浙江省的文化政策法规为依据，立足浙江省打造新时代文化高地，推进共同富裕示范区建设的重大战略部署，由以光泉方丈任组长的项目保护领导小组牵头，以灵隐寺文宣部为主要责任单位，组织人力物力，制定工作细则，有序开展灵隐寺腊八节习俗保护、传承工作。当然，在保护过程中

腊八粥传递

我们要有明确的认识，腊八节习俗作为中华优秀传统节日的组成部分是寺院僧众和民间大众共同创造、传承的文化形态，其所内蕴的文化精神值得当代人去弘扬传播。在非遗保护实践中，灵隐寺作为腊八节习俗的保护单位有责任、有义务采取各种措施确保腊八节习俗在杭州地区的有序、健康传承和发展。可以说，灵隐寺在传承保护方面已经做了不少工作，仅腊八粥的煮制和施粥活动就做到了全国规模最大。但非遗保护是一个系统性、持续性的工作，需要政府、保护单位、传承人、影响人群等组成的共同体一起努力。在接下来的腊八节习俗保护实践中，我们应该把保护的基础工作和提升工作同步推动，切实对接国家、浙江省的非遗保护政策，推动非遗项目传承发展融入国家、浙江省战略规划之中。

在腊八节习俗的基础性保护工作中，首先要做好调查和资料、档案建设。应该利用好灵隐寺的文宣人员和志愿者队伍，搜求腊八节习俗的历史和地方文献，推进田野普查，深入挖掘灵隐寺及腊八节习俗的历史发展和文化内涵，探究参与灵隐腊八节习俗的杭州各社区民众的腊八节传习情况，做好各项材料的整理记录和建档工作。

其次是做好传承体系建设，完善由寺院和社区民众共同参与的传承机制，建设、完善腊八节习俗传习中心、传习所和腊八文

光泉法师主持腊八粥发放协调会

化展陈场所。目前，寺院的腊八节习俗传承已经有十余名僧人作为传承人，但在民间社区之中的代表性传承人尚未明确。腊八节是僧俗共举的民俗活动，寺院传承人和民间传承人共同构成了其传承群体，因此寺院之外的传承人不可缺席。

第三，做好腊八节习俗的文化传播、教育、研究工作。在传播层面，腊八节习俗的活动形式和文化内涵都应该得到推广，提高传承人群、普通民众的文化认同。比如利用传统媒体、新媒体

光泉法师接受媒体采访

等不同形式扩大灵隐腊八节习俗的影响力和知名度，可以建设专题网站，拍摄专题片，筹划设立集信仰、节庆、饮食、商贸于一体的灵隐腊八文化节等。在非遗融入国民教育体系成为国家重要战略工作之际，腊八节文化如何更好地融入不同学段的学校教育中，值得我们去思考和探索。比如通过培训师资、编写腊八文化教材和通识读物，建设教学传承基地，打造特色学校、开展研学活动等。在研究方面，需要借助高校和专家力量，通过举办学术研讨会、学术讲座，进行委托课题研究，出版专著、发表论文等多种形式，及时对项目的调查材料进行分析，对项目的传承发展问题进行研究，对重要的学术观点进行回应等。

　　而腊八节习俗作为活态传承的非遗，作为一种生活文化，应当紧紧跟随时代，顺应民众新的生活需求和期望，展现其当代价值。在今天的非遗保护实践中，在传统的基础保护得到保障的前提下，当代人应考虑传统非遗的"创造性转化、创新性发展"的问题。在新时代，腊八节习俗的转化利用是其融入现代生活的重要使命。比如腊八文化与现代设计的结合，将腊八文化的物质形象元素提炼出来，运用现代设计思维开发设计腊八文化的艺术品、文创产品。或者利用现代民俗节庆的形式，打造节庆品牌，衍生出新的活动内涵，串联相关产业，实现共赢。或者将先进的人工智能技术、数字媒体技术应用于腊八文化的转化中，使之有新的表现形式、体验形式，以获得年轻传承群体的喜爱和认同。目前杭州地区的腊八节最大的活动就是灵隐寺的煮粥施粥活动，其品牌效应已经初步凸显，但内容和形式还有很大的拓展空间。腊八节不应该只有煮粥施粥一个标识性活动，其他相关活动打造、衍生产品开发还比较薄弱，需要在未来多多着力。特别是在各个乡村、社区中，腊八文化的传承、展现需要加强，广大民众、百姓的积极参与及其群体的扩大，才能保证传承的生命力，才能有不竭的发展动力。

　　非物质文化遗产的传承发展依赖于掌握独特技艺和知识的项目传承人群，对于腊八节习俗来说就是大量的寺院传承人群和民

光泉法师亲自指导腊八粥制作

间传承人群都能够认识、理解、认可腊八节的历史文化和当代价
值，并愿意去传承、传播这一优秀的文化形式。在这个过程中，
具有管理和服务职能的政府部门应该做好制度、政策、平台、资
金等的支持，在宏观上把握发展方向、发展质量；而保护单位作
为直接责任方，应该积极响应党政方针政策，根据项目特色、基
础制定发展规划，探索发展路径，完善传承体系，按照相关要求
做好保护实践的实施工作；代表性传承人则应该明确自己的责任
义务，积极带徒传艺，积极参加传播展演活动，为腊八节习俗的
当代发展做出应有的贡献。此外，杭州本地的文化学者应该多关
注腊八节习俗的传承发展，利用自己本乡本土的优势，多开展资
料搜集、调查工作，多观察腊八节习俗的当代发展形态变化，及

时发现传承发展的新现象，并从学术研究角度进行阐释和解读，针对发展过程中已经出现和可能出现的问题提出思考和应对之策。腊八节文化历史悠久，世代传承，既有历史的根脉延续，又有新的地区和时代特点，是文化丰富性、多元性的表征。事实上，随着国家非遗保护实践水平的整体提高，杭州地区腊八节习俗的传承发展迎来了越来越好的时代环境和氛围，其未来值得期待。

　　总之，腊八节习俗是一个将传统生活方式和优秀文化内核融合的节日民俗，在中华优秀传统文化得到高度重视的当下，作为保护单位的灵隐寺有神圣的使命和责任促进其传承发展，在传承中提高节日认同和文化自觉。

六、参考文献

1.（清）孙治初辑，徐增重修：《灵隐寺志》，杭州出版社，2006 年。

2.曹鸿涛：《大明风物志》，汕头大学出版社，2008 年。

3.陈德来：《西湖传说》，浙江摄影出版社，2002 年。

4.陈洁行：《轨迹——古都杭州往事》，西泠印社，2008 年。

5.程民生：《腊八粥在宋代汴京的创制及后代的变异》，《历史教学》2016 年第 22 期。

6.高伟军：《佛教中国化视野下的杭州灵隐寺——以明清时期为例》，华中师范大学硕士学位论文，2012 年。

7.高志宏：《腊八节的历史变迁与现代转型》，中南民族大学硕士学位论文，2012 年。

8.韩淑芳：《老北京》，中国文史出版社，2018 年。

9.胡波，胡全：《循环与守望：中国传统节日文化诠释与解读》，广东人民出版社，2015 年。

10.冷晓：《杭州佛教史》，百通出版社，2001 年。

11.李焕有：《中国的传统节日》，安徽师范大学出版社，

2012 年。

12.孙婧:《民俗风情》,吉林教育出版社,2013 年。

13.王鹤鸣,王澄,梁红:《中国寺庙通论》,上海古籍出版社,2016 年。

14.夏日新:《长江流域岁时节令》,湖北教育出版社,2004 年。

15.严敬群:《中国节日传统文化读本》,东方出版社,2009 年。

16.叶启政:《期待黎明:传统与现代的搓揉》,上海人民出版社,2005 年。

17.张国刚:《佛学与隋唐社会》,河北人民出版社,2002 年。

18.张庆虎:《中华传统节日:腊八节》,东北师范大学出版社,2011 年。

张士闪,李松主编:《中国民俗文化发展报告·2015》,山东大学出版社,2016 年。

19.张紫晨:《民俗调查与研究》,河北人民出版社,1988 年。

20.赵瑞娟,赵志策,马凤娟:《世俗性的宋代佛像雕刻研究》,中国广播电视出版社,2015 年。

21.郑立于:《郑立于文集·西湖楹联》第 6 卷,浙江工商大学出版社,2016 年。

22.朱瑞玟:《佛教故事》,学林出版社,2011 年。

23.尹荣方:《腊八粥及其起源》,《寻根》2009 年第 6 期。

七、附录

[壹] 腊八节习俗相关传说

1. 西湖桂花鲜栗羹（吕洪年）

唐朝时候，杭州灵隐寺已成江南名刹，号称九楼十八阁七十二殿堂，有屋宇上千，僧徒几百。寺里有个烧饭师傅，名叫德明，每天都要半夜起来为众僧烧粥。

这天半夜，德明师傅正在烧粥，只见天井里有无数小颗粒从天上飘落，他抬起头一看，是一朵朵金黄色的小花，闻闻还有一股香味，他觉得这一定是稀罕之物，便一一拾起装进口袋里。

德明师傅是个勤快人，平时烧粥总想着换点花样，调剂调剂众僧的口味。今天他特地在粥里加进点糖烧鲜栗片，放到嘴边尝一尝，觉得还不够香，倒是口袋里的花瓣香味一阵阵扑鼻而来，于是，他抓一把撒在粥里。

早上，众僧们来喝粥，只见今天的粥香味扑鼻，清香可口，都赞不绝口，纷纷向德明师傅打听，这粥是什么烧的。德明便将昨夜发现天上飘落花瓣的事讲了出来，大家都觉得很奇怪。

这天晚上，德明翻来覆去睡不着觉，心里还想着那桩事，想着想着，不觉来到了天上。广寒宫里，嫦娥仙子倚栏遥望人间。看见号称人间天堂的杭州风景，动了思凡之情，于是舒展长袖，翩翩起舞起来。旁边的吴刚见了，放下伐桂的斧头，敲着桂树，为嫦娥打拍子，直敲得桂树抖动，天香桂子纷纷飘落……

德明师傅一下惊醒，原来刚才是自己做了一个梦。看看天色，已经过了烧粥的时辰。他赶紧起身，跑到天井里一看，又是一地的花瓣。他这才明白，原来这是天上嫦娥送给人间的桂花。

德明师傅想：既然这样，我何不把它种起来，让更多的人都能吃到这桂花粥。

第二年，种下的桂子成树开花了。后来，种的人越来越多，西湖四周和杭州城里街巷庭院都可以见到，不仅有橙黄的金桂，还有洁白的银桂、绯红的丹桂。

而德明师傅首创的桂花鲜栗粥，经过厨师的改进，特别采用西湖纯藕粉作羹，味道更加鲜美了。这就是现在有名的桂花鲜栗羹。

（载《西湖传说》，陈德来选编，浙江摄影出版社，2002 年）

2.阿二和尚腊八粥（陈洁行）

杭城风俗，寒冬腊月要吃"腊八粥"，伴随着一个美丽动人的传说"阿二和尚腊八粥"。

传说古时有一寺庙与一大官的府邸毗邻，两家的厨房仅一墙

之隔。官府厨房阴沟里的水从墙洞流经寺庙内。有一位烧火的阿二和尚，见邻居家厨房里流出来的残羹，有雪白如珍珠的米饭，也有山珍、海味、佳果等，他感到十分痛惜，就用一只箩筐把这些食物接住，再用清水漂洗干净，晒干，装入麻袋。久而久之，装满这类干货的麻袋已堆满了一屋子。这一年腊月初八，天空飘着鹅毛大雪，寺庙隔墙传来嚎啕的哭声。原来，这家大官得罪了皇帝，被抓去关入牢狱，家产被抄尽，阖府上下饿得失声痛哭。正在这时，看见隔壁寺院的厨房拆了一个墙洞，送过来香喷喷的粥，里面都是一些美味的佳果。一连数日解除了这百余人口的饥荒。官府家的人在感激涕零之时，问寺庙怎会有这样的好东西。阿二和尚告诉他们这是你们自己平时丢掉的东西。明白了事情的由来，使原来挥霍惯了的官府上下，羞愧得无地自容。

因为故事发生在腊月初八，所以江浙一带有"阿二和尚腊八粥"之说渐成习俗，除了和尚庙每年煮"腊八粥"，百姓家也自做，每年腊月初八，吃一顿美味可口的"腊八粥"，既是御寒，尝新，又可借古思今，告诫人们平时注意节约，尤其是在锦衣玉食时，不要浪费，暴殄天物。

（载《轨迹——古都杭州往事》，陈洁行著，西泠印社出版社，2008 年）

3. 苏轼曾在灵隐寺过腊八节（丁云川）

宋神宗熙宁四年（1071）十一月，苏轼第一次来到杭州任通判。三天后，他到孤山报恩院拜访惠勤和尚，惠勤和尚的师弟惠思得知苏轼是欧阳修介绍来的，更加热情地接待了这位刚来到杭州的官员。这次在寒冬腊月里的孤山寺院之游，苏轼作了一首《腊日游孤山访惠勤惠思二僧》的诗：

> 天欲雪，云满湖，楼台明灭山有无。
>
> 水清石出鱼可数，林深无人鸟相呼。
>
> 腊日不归对妻孥，名寻道人实自娱。
>
> 道人之居在何许，宝云山前路盘纡。
>
> 孤山孤绝谁肯庐，道人有道山不孤。
>
> 纸窗竹屋深自暖，拥褐坐睡似团蒲。
>
> 天寒路远愁仆夫，整驾催归及未晡。
>
> 出山回望云木合，但见野鹘盘浮图。
>
> 兹游淡薄欢有余，到家恍如梦蘧蘧。
>
> 作诗火急追亡逋，清景一失后难摹。

在诗中苏轼由于"整驾催归及未晡"，流露出他在该诗因腊日未能吃到腊八粥悻悻而归的心情。惠勤和尚是位有心人，他知苏轼是信佛的居士，而惠勤与灵隐寺方丈相交颇深，惠勤将苏轼到杭州任职的事告知了灵隐寺方丈。方丈邀请苏轼在腊八这天来灵

隐寺过节。苏轼在灵隐寺亲眼看到了灵隐寺过腊八节的盛况，吃腊八粥时寺僧要撞钟击鼓、饭僧千人（也许还有众多老百姓）在高堂上聚会吃腊八粥的热热闹闹的情景。这天，苏轼不但吃了腊八粥，还在僧寮的地毯上睡了午觉。在清风徐来，香烟萦绕的寺宇里休息，他深感自己胜过了伏羲和几蘧两位上古传说的帝王的生活了。直到孤烟落日、栖鸦归巢之时，受到方丈和惠勤的热情送行。归来后，苏轼对灵隐寺腊八节的盛况，心里一直平静不下来，仍用前诗之韵，写下了《游灵隐寺得来诗复用前韵和李杞留题灵隐寺方丈》的诗：

> 君不见，钱塘湖，钱王壮观今已无。
>
> 屋堆黄金斗量珠，运尽不劳折简呼。
>
> 四方宦游散其孥，宫阙留于闲人娱。
>
> 盛衰哀乐两须臾，何用多忧心郁纡。
>
> 溪山处处皆可庐，最爱灵隐飞来孤。
>
> 乔松百尺苍髯须，扰扰下笑柳与蒲。
>
> 高堂会食罗千夫，撞钟击鼓喧朝晡。
>
> 凝香方丈眠氍毹，绝胜絮被缝海图。
>
> 清风徐来惊睡余，遂超羲皇傲几蘧。
>
> 归时栖鸦正毕逋，孤烟落日不可摹。

于是乎，通过苏轼所作的这两首诗中，可见苏轼对腊日之节是何等的重视，同时，通过此诗，也见到千年前灵隐寺过腊八节的盛况和幸事。

［贰］腊八节相关诗词选录

唐

腊日

杜甫

腊日常年暖尚遥，今年腊日冻全消。

侵凌雪色还萱草，漏泄春光有柳条。

纵酒欲谋良夜醉，还家初散紫宸朝。

口脂面药随恩泽，翠管银罌下九霄。

宋

十二月八日步至西村

陆游

腊月风和意已春，时因散策过吾邻。

草烟漠漠柴门里，牛迹重重野水滨。

多病所须惟药物，差科未动是闲人。

今朝佛粥交相馈，更觉江村节物新。

腊八日书斋早起南邻方智善送粥方雪寒欣然尽

王洋

腊月八日梁宋俗，家家相传佑僧粥。

栗桃枣柿杂甘香，菱棋芝栭俱不录。

金仟吒言成道时，不认饕餮借称目。

谁谓毗耶清净身，何有尘埃更须浴。

今晨雪屋梳白头，南邻与馈如素求。

未须怊怅思往昔，坐变劲峭同春柔。

铺排短韵一作戏，为君姑续岁时记。

腊八危家饷粥有感

赵万年

襄阳城外涨胡尘，矢石丛中未死身。

不为主人供粥饷，争知腊八是今辰。

明

腊八日怀圣仆

葛一龙

怀君八日语，五见十年中。

险阻贫兼病，西南北又东。

两乡侈各健，一粥喜遥同。

木末临清晓，应披看雪红。

午门腊八日赐食次文征仲韵

陆钱

汉宫腊日千官会，烂漫朱筵傍紫墀。

浴佛竞传南土俗，赐醮初展上方仪。

瑶阶霁雪辉金仗，太液寒云冻玉卮。

近侍恩波知尔共，还家须拟少陵诗。

清

腊八

夏仁虎

腊八家家煮粥多，大臣特派到雍和。

圣慈亦是当今佛，进奉熬成第二锅。

腊八粥

道光帝

一阳初复中大吕，谷粟为粥和豆煮。

应时献佛矢心虔，默祝金光济众普。

盈几馨香细细浮，堆盘果蔬纷纷聚。

共尝佳品达沙门，沙门色相传莲炬。

童稚饱腹庆州平，还向街头击腊鼓。

腊八日夜直

曾国藩

翻从官宿得闲时，仙披深深昼掩帷。

静向古人书易入，寒偏今日酒堪持。

浓馔说献宫中佛，晴雪看分禁里墀。

日暮武英门外望，井阑冰合柳枯垂。

腊八粥

李福

腊月八日粥，传自梵王国。七宝美调和，五味香糁入。

用以供伊蒲，借之作功德。僧民多好事，踵事增华饰。

此风未汰除，歉岁尚沿袭。今晨或馈遗，啜之不能食。

吾家住城南，饥民两寺集。男女叫号喧，老少街衢塞。

失足命须臾，当风肤逆裂。怯者蒙面生，一路吞声泣。

问尔泣何为，答言我无得。此景望见之，令我心凄恻。

荒政十有二，蠲赈最下策。悭囊未易破，胥吏弊何极。

所以经费艰，安能按户给。吾佛好施舍，君子贵周急。

愿言借粟多，苍生免菜色。此志虚莫尝，嗟叹复何益。

安得布地金，凭仗大慈力。眷焉对是粥，跂望烝民立。

后记

　　腊八节习俗是杭州地区世代传承的民俗文化，承载着一代代杭州人的节日记忆和家乡情怀。历史上，佛教与腊八节有着紧密的关系，腊八节的传承发展离不开寺院的支持和推动。灵隐寺在推动杭州腊八节的传承传播方面起步很早，做了很多有益的工作。尤其是灵隐寺煮粥施粥的活动，在社会上产生了非常积极的影响，施粥规模从刚开始的 10 万份，增加到了如今的 30 万份，活跃了腊八节的节日氛围，弘扬了佛教的仁爱精神，也体现出灵隐寺在传承、保护中华优秀传统文化方面的努力。如今，以灵隐寺为保护单位的腊八节习俗已经跻身国家级非遗代表性项目名录之列，这是国家对我们传承保护工作的肯定，我们也深感这份责任和使命的重大。编撰浙江省非遗项目代表作丛书，是浙江省文化研究和实施国遗项目"八个一"保护的重要措施。为实现国家级非遗代表性项目"一项一册"宣传读本的目标，灵隐寺作为项目保护单位在浙江省文化和旅游厅、浙江省非遗保护中心指导下启动了本书编纂工作。鉴于浙江师范大学非遗团队对腊八节申遗提供过专业知识方面的支持，对项目情况比较熟悉，本册图书编撰寻求了该团队的力量支持。寺院内部由文宣部牵头，全力提供资料和调查条件保障。书中使用的图片也由灵隐寺统一提供。近几年的新冠疫情对腊八节习俗活动的举办规模和形式冲击较大，也影响了田野调查资料的获取和最终的成书进度。好在经过大家的共同努力，本册书稿终于定稿，也算是为非遗保护工作交出的一份答卷，恳请批评指正！

编著者

2023 年 1 月

图书在版编目（ＣＩＰ）数据

腊八节习俗 / 光泉法师编著 . — 杭州 : 浙江古籍
出版社 , 2024.5
（浙江省非物质文化遗产代表作丛书 / 陈广胜总主
编）
　ISBN 978-7-5540-2530-7

　Ⅰ . ①腊… Ⅱ . ①光… Ⅲ . ①节日—风俗习惯—介绍
—中国 Ⅳ . ① K892.1

　中国国家版本馆 CIP 数据核字 (2023) 第 042485 号

腊八节习俗

光泉法师　编著

出版发行	浙江古籍出版社
	（杭州市环城北路177号　电话：0571-85068292）
责任编辑	徐晓玲
文字编辑	张紫柔
责任校对	吴颖胤
责任印务	楼浩凯
设计制作	浙江新华图文制作有限公司
印　　刷	浙江新华印刷技术有限公司
开　　本	960mm×1270mm 1/32
印　　张	5.75
字　　数	109千字
版　　次	2024 年 5 月第 1 版
印　　次	2024 年 5 月第 1 次印刷
书　　号	ISBN 978-7-5540-2530-7
定　　价	68.00 元

如发现印装质量问题，影响阅读，请与本社市场营销部联系调换。